高校专门用途英语(ESP)系列教材

A COURSE for SCIENTIFIC AND TECHNICAL TRANSLATION

科技翻译教程

2ND EDITION
第二版

主　编　陶全胜　王宗华　尚　睿
　　　　李　争　应伟伟
副主编　王义军　葛小颖　张媛媛
　　　　方秀才　冯　茹　王　健
　　　　汪中瑞　程　跃

清华大学出版社
北京

内 容 简 介

本教材以科技英语文本特征为切入点，探讨科技翻译的标准及其要求，为科技翻译实践提供基本操作规范。本教材的内容以科技翻译译例分析为主，凸显科技英汉互译技巧。语料选择以针对性和实用性为主，同时注重与基础英语教学的衔接和过渡；在关注加强学生翻译实践的同时，也适当介绍一些对科技翻译有指导意义的理论，旨在增强学生翻译实践的自觉性。此外，本教材结合计算机辅助翻译的最新开发与研究成果，介绍了目前常见的 CAT 软件和应用语料库及其在科技翻译实践中的应用，以期学生掌握提高翻译效率和质量的方法与途径。

版权所有，侵权必究。举报：010-62782989，beiqinquan@tup.tsinghua.edu.cn。

图书在版编目（CIP）数据

科技翻译教程 / 陶全胜等主编. —2 版. —北京：清华大学出版社，2023.8（2025.1重印）
高校专门用途英语（ESP）系列教材
ISBN 978-7-302-64406-4

Ⅰ.①科⋯　Ⅱ.①陶⋯　Ⅲ.①科学技术—英语—翻译—高等学校—教材　Ⅳ.① G301

中国国家版本馆 CIP 数据核字（2023）第 149573 号

责任编辑：白周兵
封面设计：子　一
责任校对：王凤芝
责任印制：宋　林

出版发行：清华大学出版社
网　　址：https://www.tup.com.cn，https://www.wqxuetang.com
地　　址：北京清华大学学研大厦 A 座
邮　　编：100084
社 总 机：010-83470000
邮　　购：010-62786544
投稿与读者服务：010-62776969，c-service@tup.tsinghua.edu.cn
质量反馈：010-62772015，zhiliang@tup.tsinghua.edu.cn

印 装 者：天津安泰印刷有限公司
经　　销：全国新华书店
开　　本：170mm×230mm　　印　张：16　　字　数：303 千字
版　　次：2019 年 8 月第 1 版　　2023 年 8 月第 2 版　　印　次：2025 年 1 月第 2 次印刷
定　　价：65.00 元

产品编号：099577-01

前 言

"科技翻译"不仅是工科院校本科高年级学生一门重要的英语选修课程,更是大多数工科研究生的必选课,目的是进一步训练和提高学生的科技翻译能力,使学生在未来的工作中能把自己的专业知识和英语知识结合起来。《科技翻译教程》于 2016 年被中国煤炭教育协会列为煤炭高等教育"十三五"规划教材,教材针对工科学生的知识结构特点进行编写,对工科学生的翻译教学有很强的适用性,自 2019 年首次出版以来,受到使用院校普遍好评。

《科技翻译教程(第二版)》全面展现时代特点,旨在培养承担科技创新使命、服务国家发展战略的新时代翻译人才。具体特色如下:

1. 落实课程思政要求,体现教材育人功能

本教材选取能够体现我国科技前沿和国内外科技发展最新成果的素材,融入思政元素,注重传递中华优秀传统文化。通过中西对比、实践产出等落实价值观塑造,培育文化自信,进一步提升中华文化传播力。

2. 关注工科学生学习特点,注重与基础英语教学的衔接和过渡

在语料选择上,本教材充分考虑工科学生的英语水平和专业知识结构,同时兼顾不同专业学生之间的共通性。在章节编排上,本教材严格遵照学科的逻辑体系,注重章节内容之间的衔接与呼应,注重问题导向,对于不同章节涉及的同一问题,做到前后照应。

3. 译例翔实,内容丰富

本教材注重编写语料的真实性及来源的权威性,保证译例中的语言具有高度的准确性和可接受性。译例以汉译英为主,同时兼顾英译汉。在内容上,本教材借鉴、吸收了国内外最新科技翻译研究成果,注意理论与实践相结合,深入探讨了科技翻译的基本规律，加强对科技翻译基本问题和翻译技巧的归纳与总结。

4. 体现现代信息技术的成果

现代信息技术发展日新月异，为计算机辅助翻译提供了无限可能，计算机辅助翻译能力已逐渐成为译员的必备技能。本教材结合计算机辅助翻译最新研发成果，对第 5 章"CAT 技术与科技翻译"进行全面修订，重点介绍目前常见的 CAT 软件和应用语料库及其在科技翻译实践中的应用，以期学生能够掌握提高翻译效率和质量的方法与途径。

在编写过程中，本教材参考了国内外众多书籍和学术论文，编者试图把主要参考文献列举出来，但难免挂一漏万，在此对这些书籍和论文的原作者表示深深的歉意。

安徽理工大学徐芳、赖海琼、任华妮、孙晓蓉参与了本教材第一版的编写工作，在此对他们的辛勤劳动表示衷心的感谢。第二版教材由安徽理工大学陶全胜、王宗华、尚睿、李争、应伟伟主编，安徽理工大学王义军、葛小颖、张媛媛、冯茹、王健、汪中瑞、程跃和淮南师范学院方秀才参与了编写工作，全书由陶全胜负责筹划与统稿。本教材受安徽省 2022 年度新时代育人质量工程项目（研究生教育）（编号为 2022ghjc056）资助，并被列为省级研究生规划教材，但由于编者水平有限，难免有不妥之处，敬请各位专家和使用者批评指正。

陶全胜

2023 年 5 月 18 日

目 录

第1章 概论 ... 1

1.1 科技英语翻译的范畴 ... 2
1.2 科技英语的特征 ... 3
    1.2.1 词汇特征 ... 3
    1.2.2 句法特征 ... 4
1.3 科技翻译准则 ... 9
    1.3.1 翻译原则 ... 9
    1.3.2 科技翻译原则 ... 15
1.4 科技翻译要求 ... 19
    1.4.1 翻译过程与要求 ... 19
    1.4.2 翻译对译者的要求 ... 20
    1.4.3 科技翻译对译者的要求 ... 21
1.5 计算机辅助翻译下的科技英语翻译 ... 25

第2章 中西思维差异与科技翻译 ... 29

2.1 中西思维方式比较 ... 30
    2.1.1 了解思维方式的必要性 ... 30
    2.1.2 中西思维模式差异的主要表现 ... 31

2.2 思维方式差异对汉英语言表达的影响 ········· 33
2.2.1 英汉语言本质比较——综合与分析 ········· 34
2.2.2 英汉句子结构比较——形合与意合 ········· 36
2.2.3 英汉语态比较——被动与主动 ········· 38
2.2.4 英汉语序比较——后置与前置 ········· 41
2.2.5 物称与人称 ········· 42

2.3 思维差异与科技翻译 ········· 44
2.3.1 思维差异在科技翻译中的体现 ········· 44
2.3.2 思维差异对译者提出的要求 ········· 49

第 3 章　科技翻译技巧 ········· 53

3.1 词语翻译技巧 ········· 54
3.1.1 词义的选择和表达 ········· 54
3.1.2 词义的引申 ········· 67
3.1.3 词类转换 ········· 72
3.1.4 词的省略 ········· 84
3.1.5 词的增补 ········· 93
3.1.6 术语翻译 ········· 101

3.2 句法结构翻译技巧 ········· 106
3.2.1 科技英语的基本句型 ········· 109
3.2.2 主语的确定 ········· 122
3.2.3 谓语的表达及主谓一致 ········· 132
3.2.4 语序的调整 ········· 142
3.2.5 英语句式中常见的特殊句型及表达 ········· 162

3.3 篇章翻译技巧 ········· 178
3.3.1 篇章分析与翻译 ········· 178
3.3.2 语篇衔接 ········· 183
3.3.3 语篇连贯 ········· 194

第 4 章　科技论文翻译 ·············· 207

4.1　科技论文标题翻译 ·············· 208

4.2　科技论文摘要翻译 ·············· 215

4.3　科技论文篇章翻译 ·············· 223

第 5 章　CAT 技术与科技翻译 ·············· 231

5.1　常见 CAT 软件功能与应用 ·············· 232
5.1.1　计算机辅助翻译技术的定义 ·············· 232
5.1.2　计算机辅助翻译技术的核心模块 ·············· 234
5.1.3　常见计算机辅助翻译软件 ·············· 235
5.1.4　在线翻译辅助平台基本功能介绍 ·············· 235

5.2　语料库及其应用 ·············· 238
5.2.1　语料库的定义 ·············· 238
5.2.2　语料库的种类 ·············· 240
5.2.3　语料库在翻译实践中的应用 ·············· 241
5.2.4　语料库在翻译研究中的应用 ·············· 244

参考文献 ·············· 247

第 1 章 概 论

1.1 科技英语翻译的范畴

随着经济全球化持续发展，国际政治、经济、科技、文化等交流日益广泛而深入。特别是以人工智能、物联网、量子计算与通信、能源互联网、生命创制等为核心的新科技革命加速孕育发展，正在深刻地改变着世界发展格局，呈现在世人面前的是百年未有之大变局。习近平总书记指出，"加快建设科技强国，实现高水平科技自立自强。"新时代，我国正在实施科技强国战略，中外科技交流合作全面扩大并日益繁荣发展。英语因为英国在历史上广阔的殖民地而成为世界上使用最为广泛的语言，虽然其母语使用者人数排在汉语和西班牙语之后，但在科技领域国际交流中，英语的使用十分普遍。将中英科技文献互译，不仅有利于促进双方的交流与进步，有利于促进世界的和平与发展，也有利于加速构建人类命运共同体。

所谓翻译，可以从广义和狭义两个方面来理解。广义的翻译是指语言与语言之间、语言与非语言之间的代码转换和信息传达。狭义的翻译是指用一种语言把另外一种语言的内容（思想、意义等）准确表达出来的语言信息转换活动，它既带有创造性，又带有科学性；既是语言表达的艺术，也是科学的再创造。根据体裁不同，翻译可以分为宗教翻译、文学翻译与非文学翻译（实用翻译）。而实用翻译又可以细分为科技翻译、应用文翻译、政论文翻译、新闻翻译等不同类别。每种文体都具有自身的特点，在翻译中也会有不同的要求。因此，在进行翻译活动时，译者既要遵循翻译的一般规律与特征，又要考虑到不同文体的特殊形态与要求，充分发挥主动性与创造性，选择恰当的翻译策略，最终实现翻译的目的。

科技英语（English for Science and Technology）是指英语语言应用在科学技术领域而形成的一种特殊的语体，即科技语体。国际著名核物理学家、"中国原子弹之父"钱三强曾指出："科技英语在许多国家已经成为现代英语的一个专门的新领域。"科技英语在促进国际科技交流与合作中发挥重要作用。而科技英语文体是英语应用在科技信息交流语境中形成的一种正式文体，其本质和最主要的功能在于传递和交流科技信息。在谈及科技英语文体的范畴时，刘宓庆先生指出，它可以包括：（1）科技著作、科技论文和报告、实验报告和方案；（2）各类科技情报和文字资料；（3）科技使用手册；（4）有关科技问题的会谈、会议、交谈的用语；（5）有关科技的影片、录像等有声资料的解说词；（6）科技发明、发现的报道；（7）科学幻想小说等。作为一种重要的英语文体，科技英语文体具有结构严谨清晰、行文规范简明、表达客观准确等基本特征，这些特征是由科技文献的内容所决定的。

首先，科技文献的内容主要是指科学技术知识或信息，它包括自然科学，如生物学、物理学、化学化工、医学等，也包括社会科学，如语言学、历史学、心理学、伦理学等。其次，科技文献重在传递科技信息，也就是说，科技文献的重点不在于展现华美的文采、丰富的修辞、离奇的情节等，而是重在准确无误地传递科技信息。

因此，科技文献讲究意义表达准确，文字明白易懂，行文富有条理，论证严密，说理清楚等特点。它不追求语言的艺术性，而注重语篇的逻辑性、思维的严密性、表述的客观性与准确性。

科技英语作为一种特殊的英语语体，具有自身的规律和特点，了解和掌握科技英语在词法、句法、篇章等方面的特点是做好科技英语翻译的前提和基础。把握科技英语翻译的标准，掌握适当的翻译策略和技巧对提高科技英语翻译水平可以起到积极的作用。

随着现代社会和科学技术的发展，国际科技交流与合作的日益增多，科技英语翻译的应用越来越广泛。熟练掌握科技英语翻译的技巧，提高科技英语交流的能力具有重要的意义。只有提高了科技英语水平，我们才能够与国外的同行专家进行双向的交流与学习，真正读懂和理解国外的科技英语文献，及时掌握科技领域的最新发展动态和成果。只有提高了科技翻译的水平，尤其是汉译英的水平，我们才能够把我国的科研成果介绍到国外，吸引外国学者和科技工作者的关注，增加我国与世界其他国家和地区的科学技术交流与合作，促进我国科技水平和能力的提高。

1.2 科技英语的特征

科技英语的语体特征有别于其他语体，充分认识和把握好科技英语的语体特征，对于准确传递科技文献的意义，实现科技英语翻译的目的具有重要意义。本章将从词汇和句法两个方面阐释科技英语的特征。

1.2.1 词汇特征

科技英语在用词上最明显的特点是大量使用专业科技词汇与术语。

1. 普通名词专有化

科技英语中存在着大量由普通词汇转化而来的专业词汇和术语。这类词汇一般被称为"半科技词汇"。它们是英语中的普通词汇，但当被应用到科技文本中时，却成了专业科技词汇，有严格的科学意义。例如：face 在普通英语中的含义为"脸、面部、面孔"，而在矿业领域中则意为"采掘面、工作面"；work 在普通英语中的含义为"工作"，而在物理学上则意为"功"，在医学上则意为"美容手术"；tolerance 在普通英语中的含义为"宽容、忍受、忍耐力"，而在数学领域则意为"公差、允许变量"；channel 在普通英语中意为"水道、海峡"等，但在机械学领域，beam channel 的含义一般指"槽形梁"，在电学领域，cable channel 的含义一般指"电缆管道"；等等。

将普通词汇的基本词义进行引申或扩展，赋予其某一科技领域的专门意义是一种创制新科技词汇和术语较为简便的方法，符合英语一词多义和词性转化的历史传统。其有利的一面在于不用再另造新词，减轻记忆负担，其不利之处在于容易让人误认为普通词汇。因此，译者在翻译这类词汇时需仔细甄别，根据其基本含义，结合行文逻辑与语境，进行推测并查证，以防出现误译。

2. 专业词汇的一词多义

除了普通词汇专有化以外，专业词汇一词多义也是科技英语的一大特点。同一专业词汇在不同的科技领域往往具有不同的词义，以 carrier 为例，它在不同的学科或专业领域分别具有以下词义：【军事】航空母舰、【化学】载体、【医学】（病毒等）携带者、【无线电】载波、【邮电】邮递员、【运输】搬运工、【车辆】底盘和【机械】托架、传导管。甚至在同一专业中，同一词汇也会有不同的词义，如 power 在机械动力学中的词义就有"力、电、电力、电源、动力、功率"等。

3. 通过构词法形成大量的科技词汇

除了以上两点外，科技英语中还包含大量通过构词法形成的专业词汇。学习和掌握科技英语中常用的构词法，对科技英语阅读、翻译及写作具有极大的帮助。这些构词法主要包括派生法、合成法、截短法、首字母缩略法、类比法、混合法等。

这部分内容将在第 3 章中详细讨论。

1.2.2 句法特征

科技英语在句法方面的特点，主要表现在以下几个方面：

1. 多用名词化结构

汉语多用动词，而在英语中，名词的使用频率则相对较高。科技文体要求行文简洁、内容确定、表达客观、信息量较大，而非某一具体的行为动作，因而名词化结构的使用更加频繁。这些名词化结构，往往由英语中的动词结构转化而来，包含动作之义。

例1 The *rotation* of the Earth on its own axis causes the *change* from day to night.

译文 地球绕着自身的轴旋转，因而产生了昼夜的更替变化。

例2 A *change* of state from a solid to a liquid form requires heat energy.

译文 物质形态由固态变化为液态，需要热能。

2. 倾向于使用被动语态和第三人称主语

倾向于使用被动语态不仅是英语的整体特征之一，在科技英语中体现得更为突出。根据英国利兹大学约翰·斯韦尔斯（John Swales）的统计，科技英语中的谓语部分至少有三分之一是被动语态。这主要是因为科技英语叙述的对象往往是客观的事物、现象、过程、结论、规律等，力求客观而准确，并不强调作为主体的人或装置的区别性和差异性。被动语态将所需描述的对象置于句子的主语位置，使其得到充分的凸显。相较于主动语态，被动语态有着更少的主观色彩，可以更好地体现科技英语文本陈述事实的客观性。因此，我们要尽量使用第三人称主语，采用被动语态。

试比较以下两组句子：

第一组

例1 If we see the mining face as a system, ground movement and deformation as the output of the system, the only external factor that affects the system is the face advancing rate.

例2 If the mining face is seen as a system, ground movement and deformation as the output of the system, the only external factor that affects the system is the face advancing rate.

译文 如果把采掘工作面看作一个系统，把地面移动和变形看作系统的输出，那么影响系统的唯一外部因素就是工作面推进速度。

第二组

例3 The investigation began in 2008, and we have carried out many in-situ investigations at Shigetai Mine.

例4 The investigation was begun in 2008. Many in-situ investigations have been carried out at Shigetai Mine.

译文 调查于 2008 年开始，在石圪台矿进行了多次现场调查。

两组中的第一句使用第一人称和主动语态，给人一种主观臆断的印象，削弱了科技文本的客观性。第二句使用第三人称和被动语态，将主要信息前置，放在了主语的位置，非常醒目，且行文流畅连贯，大大突出了科技文本的客观性特征。

3. 广泛运用非谓语动词

非谓语动词，也称非限定动词，是指在句子中不独立充当谓语的动词，主要包括动词不定式、动名词和分词（包括过去分词和现在分词）三种形式。与限定动词相比，非限定动词在句子中不能单独作谓语，因而其形式也不受主语人称和数的限制。非谓语动词作定语，可明确所描述对象。利用非谓语动词构成的各种短语代替句子中的从句或分句，可使行文简洁、结构紧凑、逻辑清晰。

例1 It is possible to improve the antichatter characteristics of a machine tool by incorprating extra damping.（不定式短语）

　　译文　采用外部减震可以改善机床的抗震性能。

例2 In addition to transferring energy, hydraulic fluid needs to lubricate components, suspend contaminants and metal filings for transport to the filter, and to function well to several hundred degrees Fahrenheit and Celsius.（不定式短语）

　　译文　除了传递能量之外，液压油还需要润滑零部件，使污垢和金属屑悬浮输送至过滤器，并且在温度达到几百华氏或摄氏度时仍然运行良好。

例3 Being small and light makes transistors more advantageous than vacuum tubes.（动名词短语）

　　译文　由于尺寸小、重量轻，晶体管优于真空管。

例4 一种被称为"人力放大器"的机器，目前正在研发之中，它是由操作人员穿戴的框架组成的。

　　译文　Known as a "man-amplifier", a machine under development consists of a framework that the operator wears.（过去分词短语）

例5 Machine tools equipped with load sensors can stop axis or spindle movement in response to an overload condition, but this does not prevent a crash from occurring.（过去分词短语）

　　译文　装备有负载传感器的机床能够对过载条件做出反应，停止轴或主轴的转动，但是这不能防止损坏的发生。

例6 因为实验者们当时并不知道这些射线是什么东西，所以就按照希腊字母表的头三个字母将他们分别命名为阿尔法射线、贝塔射线和伽马射线。

> **译文** Lacking knowledge of just what these radiations were, the experimenters named them simply alpha, beta, and gamma radiation, from the first three letters of the Greek alphabet.（现在分词短语）

例7 A power plant having a substation nearby, substations themselves do not usually have generators.（分词独立主格结构）

> **译文** 尽管电厂附近都有变电站，但是变电站本身通常并没有发电机。

第四，多使用长句、复杂句。长句是英语中的常见形式，在科技英语中尤其如此。科技英语语体正式，逻辑严密，表意严谨，讲究以形达意，其句式形态完整、严谨。科技英语以主谓（宾）结构为句子的主体，其余附加成分，包括修饰成分、限定成分、补充成分等，通过连接词连接到主谓结构上，形成树形结构，因而语句偏长，结构趋于复杂。

例1 Deformation is affected by the stress inherent in the metal, the microstructural characteristics of the starting material, the temperature at which the deformation occurs, the rate at which the deformation occurs, and the frictional restraint between the material being forged and the die surface.

本句是复合句，信息丰富，句子较长，由 by 引导的五个并列名词短语较为复杂。第一个名词 stress 有后置定语修饰；第三个和第四个名词 temperature 和 rate 后有定语从句；最后一个名词后则有介宾短语修饰。虽然全句较长，但主谓关系一目了然，全句呈现出英语句子尾重（end weight）的特点。

> **译文** 变形会受到金属的内在应力、原始材料的微观结构特征、变形时的温度、变形的速度以及被锻造的材料与模具表面间摩擦阻力的影响。

例2 Another noticeable difference of ethanol-blended fuels under fire condtions is that when foam or water has been flowed on the burning product, the gasoline will tend to burn off first, eventually leaving the less volatile ethanol/water solution which may have no visible flame or smoke.

本句为复杂长句，包含主句、表语从句、状语从句、分词短语、定语从句等。该句主干部分是 Another noticeable difference of ethanol-blended fuels under fire condtions is that...。that 引导的是表语从句 the gasoline will tend to burn off first；when 引导的是时间状语从句；which 引导的是定语从句，修饰先行词 solution；eventually leaving the less volatile ethanol/water solution 是分词短语作结果状语。

> **译文** 在燃烧状态下，乙醇混合燃料的另一个明显差别是当泡沫或水淹没燃烧后的产物时，汽油往往先燃尽，最终留下没有可视火焰或烟且不易挥发的乙醇和水的溶液。

例3 The construction of such a satellite is now believed to be quite realizable, its realization being supported with all the achievements of contemporary science, which have brought into being not only materials capable of withstanding severe stresses involved and high temperatures developed, but new technological processes as well.

本句为复合句，由主句、分词独立结构和非限定性定语从句三部分构成。其中，分词独立结构作原因状语，非限定性定语从句修饰先行词 all the achievements of contemporary science。全句层层包蕴，呈现出典型的树形结构，意义丰富，层次明了，逻辑清楚，充分展示了科技英语在句法方面的特征。

> **译文** 现代科学的一切成就不仅提供了能够承受高温、高压的材料，而且也提供了新的工艺过程。依靠现代科学的这些成就，我们相信完全可以制造出这样的人造卫星。

以上是科技英语在词汇和句法层面的总体特征。值得注意的是，这些特征并不是一成不变的，随着时代的发展、人们写作风格的改变，也会出现新的变化。例如，如今就有一些研究者认为，使用主动语态，可以体现出作者的主体性，体现出他们对研究负责的态度。而在总的文章体式上，也出现了一种与传统科技文体特征并行的趋势，即强调摆脱科技文体因袭文风（EST stereotypes），力求洗刷科技文章的枯燥与沉闷感。这一点在科普类型的文章中表现较为突出。

1.3 科技翻译准则

1.3.1 翻译原则

翻译原则又称翻译标准，指翻译过程中所遵循的准则或法则，也是评价翻译质量优劣的标准，它指导我们的翻译实践，也是我们评价译文质量的尺度。

翻译原则是基于大量翻译实践的总结和凝练的结果。在中西两千多年有文字记载的翻译发展史上，由于不同的语言、文化以及具体的翻译内容存在差异，不同的译者或翻译研究者提出了不同的看法和主张，阐述了如何提高译文质量，实现翻译目标。

1.3.1.1 中国翻译原则学说概述

翻译在中国具有悠久的历史，早在周朝时期，我国已开始设译官，此后出现过多次翻译高潮，古代印度的《佛经》和近现代西方的自然科学、社会科学以及文学作品被翻译成中文，也有不少中国科技文献和著作被翻译成其他民族语言。每次翻译高潮都涌现出许多优秀的翻译理论家，通过百家争鸣，翻译理论不断发展、进步、趋于完善。

佛教大约自西汉末年传入中国，至隋唐时期达到高潮，其宗教典籍《佛经》也不断被翻译成汉语，不同的译者对如何更好地译经提出了自己的看法。三国时期的著名佛经翻译家支谦（生卒年不详，约3世纪）在其所著的《法句经序》一文中提出了"因循本旨，不加文饰"的译经原则，引出了最早的"文"与"质"之争，该文也是我国尚存的第一篇翻译理论文章。东晋著名的佛学家道安（312—385）提出了比支谦更为明确的直译主张，即"案本而传，不令有损言游字；时改倒句，余尽实录也"。此外，道安对前人的佛经翻译实践做了理论上的评价和总结，提出了著名的"五失本，三不易"翻译理论。"五失本"是指翻译佛经原文过程中遇到的五种情况需要改变语序、修辞和文体以符合汉语的表达习惯和风格。"三不易"是指在忠实原文方面遇到的三种不能轻易翻译的情形，既要适应不同时代、民族习俗和读者需求，又不失佛经的本意和原旨。译经时，译者需谨慎考虑如何处理二者关系。"三不易"是中国历史上最早涉及读者接受性问题以及原作者、译者和读者三者关系的理论阐释。"五失本，三不易"的理论对如何忠实佛经原文提出了具体的规范和要求，强调对全部佛经的翻译都要采取认真谨慎的态度，不能随意更改原文。他的这一理论影响深远，时常为后世译经家所提起,并尊为成训,已具备了"信、达、雅"的内涵。梁启超(1873—1929)曾说:"后世谈一学者,咸征引焉。要之翻译文学程式,成为学界一问题,自安公始也。"生活在北朝末年及隋朝的彦琮(557—610)在其翻译专论《辩证论》里主张译经"宁贵朴而近理,不用巧而背源"。他对历代译经的得失进行分析、评论,并提出一位合格佛经翻译者所需具备的八个条件,即"八备"。以上三位佛学家的论点颇为近似,他们的原则可以被概括为"重质朴,轻文采"。

唐代僧人玄奘(602—664)是中国古代佛经翻译史上最杰出的佛经翻译家,也是佛教史上成就最高的翻译家。他和他的弟子不仅译出佛经75部、1335卷,而且还把《老子》译成梵文,成为向国外介绍中国古代典籍的第一人。他的指导原则就是:"既须求真,又须喻俗。""求真"即追求准确,要力求"忠实原作",这是一切认真负责的翻译工作者的共同理想。同时,他认为又必须"喻俗",亦即使群众理解,这就是说要"通顺"。《翻译名义集》中的《梵语序》记载了玄奘的"五不翻"原则,对音译做出了规定。"五不翻"是指在把佛经从梵文翻译成汉语时,有五种情况不能采用意译,应该保留原文的发音,即采用音译;这五种情况包括"秘密故、多义故、此无故、顺古故和生善故"。

北宋僧人赞宁(919—1001)在研究经律时,主持编撰了《宋高僧传》,归纳总结了前人有关佛典翻译的论述,并提出了佛经翻译中的"六例",包括:译字译音、胡语梵言、重译直译、粗言细语、华言雅俗、直言密语。赞宁要求译者不仅要注意原文的字面意,还要深究其内涵。

清朝末期鸦片战争的失败及一系列不平等条约的签订,激起了一批有志之士呼吁学习西方先进的制度和科学技术,以达到驱逐列强侵略者的目的,于是大量的西方思想政治和科技等著作被译成中文。在此期间,对翻译思想贡献最大的是马建忠和严复。

清末思想家、语言学家马建忠(1845—1900)在其《拟设翻译书院议》一文中提出"善译"之说:"必先将所译者与所以译者两国之文字,深嗜笃好,字栉句比,以考彼此文字孳生之源,同异之故。所有相当之实义,委曲推究,务审其音声之高下,析其字句之繁简,尽其文体之变态,及其义理精深奥折之所由然。"这段话的义蕴相当丰富而全面,涉及风格学、文法学、修辞学,以至进入一般文化研究的领域。"善译"标准力求译文与原文在意思上"无异",而且使读者读了译文后能达到与原文读者相同的感受。这一提法,已与现代等值翻译理论非常接近。

中国著名思想家、翻译家和教育家严复(1854—1921)吸收古代佛经翻译思想的精髓,结合自己的大量翻译实践,提出了翻译理论"三字经",即"信、达、雅"。他在《天演论·译例言》中明确提出了"信、达、雅"的翻译原则和标准。"信"是指忠实于原文,"达"是指译文通顺流畅,"雅"是指译文典雅、有文采。信、达、雅虽然只有三个字，但体现了译作、读者、语言三者之间的关系。严复提出的翻译标准使我国翻译理论发展到一个新阶段，对中国翻译理论做出了巨大贡献，他也因此被尊称为中国完整翻译标准的先驱。

"五四运动"以后，中国出现了以西方文学翻译为中心的西学翻译高潮，涌现了鲁迅、傅雷、茅盾、郭沫若、钱锺书、林语堂等一大批翻译家，他们对翻译原则做了重要论述。

中国现代文学的奠基人、翻译文学的开拓者鲁迅（1881—1936）主张翻译"以直译为主，以意译为辅"与"以信为主，以顺为辅"，反对顺而不信。鲁迅所主张的"宁信而不顺"中的"不顺"，就是在翻译时，"不但在输入新的内容，也在输入新的表现法"，而"其中的一部分，将从不顺而成为顺，有一部分，则因为到底不顺而被淘汰，被踢开"。鲁迅还强调翻译批评的重要性，他认为要建立正确的翻译批评。

中国著名翻译家和文学评论家傅雷（1908—1966）毕生从事法国文学的翻译工作。1951年，他在《巴尔扎克〈高老头〉重译本序》中指出，"以效果而论，翻译应当像临画一样，所求的不在形似而在神似"，提出了文学翻译的"神似"说，重视中西语言与文化差异的客观性，强调译者不应该片面追求忠实原文的"形似"，而应该从原文的风格、意境、神韵等方面传递原文的内容。

中国现代作家和翻译家林语堂（1895—1976）是传播中国文化的使者，一生中把许多中国著作译成英语，有些译作成为当时西方世界的畅销书。他根据自己的翻译实践和前人的翻译理论精华，提出了翻译的三条标准：第一是忠实标准，第二是通顺标准，第三是美的标准。忠实：非字译，须传神；非绝对，须通顺。通顺：须以句为本位，须完全根据中文心理。美：真正的艺术作品是不可翻译的，但不可不注意文字之美的问题。

中国现代作家和历史学家郭沫若（1892—1978）曾创造性地提出了"风韵译"和"气韵"说的翻译思想。1920年，他在《附白》一文中提出："诗的生命，全在它那种不可把捉之风韵，所以我想译诗的手腕于直译意译之外，当得有种'风韵译'。""风韵译"是在直译和意译的基础上，根据翻译文学的具体特征而提出的具有审美价值的翻译思想，它强调翻译过程的审美体验，注重原文的意境与译文的传神，为翻译文学中美学观点的确立奠定了坚实的基础。1923年，他在《讨论注译运动及其他》一文中指出："理想的翻译对于原文的字句，对于原文的意义，自然不许走转，而对于原文的气韵尤其不许走转。"他所强调的"风韵"与"气韵"，与茅盾当时强调的"神韵"是一个意思。可见在这一点上他们是一致的，都对翻译美学理论做出了重要贡献。

中国现代著名作家、文学评论家和翻译家茅盾（1896—1981）是中国译论史上最早提出翻译不可缺失"神气句调"的人,即强调"神韵"这一重要观点。1921年,他在《新文学研究者的责任与努力》一文中明确地提出:译文应该保留原文的"神韵";同年,他在《译文学书方法的讨论》一文中指出:文学的功用在于感人,译文如果不能保留原文的"神韵",就难免要失去感人的力量。可见,"神韵"这一中国传统美学中的重要观念是在新文学运动开展以后才被正式引入翻译理论的。1954年,时任文化部部长的茅盾在其《为发展文学翻译事业和提高翻译质量而奋斗》的报告中提出了"艺术创造性翻译"的思想。他指出:"文学的翻译是用另一种语言,把原作的艺术意境传达出来,使读者在读译文的时候能够像读原作时一样得到启发、感动和美的感受。"茅盾的"意境"论是对"神韵"说的发展。

我国著名学者和作家钱锺书(1910—1998)在其1981年发表的《林纾的翻译》一文中提出了文学翻译的最高标准是"化境",强调文学翻译语言不能生硬,应重视文学作品整体风味的翻译,使得译作读起来不像是翻译过的。"化境"论和傅雷的"神似"说是对中国传统翻译思想的传承与发展,对我国文学翻译理论的发展做出了重要贡献。

从最初的"案本"等的"重质朴,轻文采",玄奘的"求真"和"喻俗",到后来的"善译"和严复著名的"信、达、雅",再到鲁迅等人的"忠实、通顺、美"及揉合其他多种因素而形成的一种最高翻译境界的"神韵""神似""化境",中国传统的翻译原则体系可被归结为四种基本思想:"案本—求信—神似—化境"。我们也可以看出,中国翻译理论大致是沿着这样一条轨迹发展的:从最初一丝不苟模仿原文句法的"质"(直译)发展成允许在句法上有一定自由的"信"(意译),最后在"信"的基础上,演变成充满创造精神的"化"。因此,翻译理论的发展,是对翻译认识不断深化的过程。

1.3.1.2 西方翻译原则学说概述

目前已知西方最早的翻译是公元前三至二世纪之间的《圣经》翻译,也就是说,西方翻译已经有两千多年的历史,在大量的翻译实践中涌现出一大批翻译理论家,对翻译实践进行了总结概括,对翻译原则进行了不断深入的阐述。

早在两千多年前,古罗马的西塞罗(公元前106—前43)在其《优秀的演说家》和《论善与恶之定义》的著作中把翻译分为两类:一类是"作为解释员"(ut interpres)的翻译,即没有创造性的翻译;另一类是"作为演说家"(ut orator)的翻译,是指具有创造性、可与原著媲美的翻译。他反对逐词对译,推崇自由翻译,追求翻译效果和译文读者的接受度。他认为翻译也是一种文学创作。他被称为西方翻译史上第一位翻译思想家。受西塞罗影响,古罗马的伟大诗人和翻译家贺拉斯（公元前 65—前 8）也反对直译，提倡不拘一格的活译。他在《诗艺》一书中提出了"忠实原文的译者不会逐词死译"。他认为通过翻译可以丰富本民族语言。另一位古代翻译思想家昆体良（35—95）在其《演说术原理》一书中提出了"翻译要与原作竞争"的翻译思想，强调翻译的效果。他认为翻译也是在创作，可以通过不同的方法和途径使得译作接近甚至超越原作。《圣经》学家哲罗姆（347—420）强调正确的《圣经》翻译要依靠对原文的准确理解而不是靠"上帝的感召"，他提出了"文学用意译，《圣经》用直译"的翻译观。著名神学家和翻译家奥古斯丁（354—430）认为，翻译应采取"朴素、典雅、庄严"三种风格，应考虑"所指""能指"和译者"判断"的三角关系。与哲罗姆不同的是，他强调《圣经》翻译要完全依靠"上帝的感召"。

尽管中世纪被称为"黑暗的时代"，但翻译实践活动和翻译理论探索并没有停止。古罗马哲学家和神学家波伊提乌（405—563）反对逐词对译，提倡灵活翻译。他的翻译理论主要包括以下四个方面：内容与风格互为对立，宁要"内容准确"，不要"风格优雅"；译者应当放弃主观判断权；严格的形式对应；翻译凭经验而不凭理论。英国阿尔弗烈德国王（849—899）重视翻译对民族语言发展的作用，亲自翻译了《哲学的慰藉》等大量作品。为使译文更好地接近原文，他认为可以综合应用直译与意译的方法，强调翻译应该用简洁易懂的语言，以便更多的平民百姓能够阅读译作。中世纪末最著名的翻译理论家布鲁尼（1369—1444）对翻译的理论问题进行了专门研究，在其《论正确翻译的方法》一文中指出，翻译本质是语言之间的转换，译者需精通两种语言，特别是要对语言的各种特征有全面把握。对于文学翻译，他认为译者要把握原文的韵律和节奏，尽量保持原文特有的风格。

古典时代的西方翻译理论并不系统；进入文艺复兴时期，翻译家们开始较为系统地论述翻译原则。德国宗教改革家和翻译思想家马丁·路德（1483—1546）主张翻译应采用民众语言，他提出了翻译七原则：（1）译者可以改变原文的词序；（2）译者可以根据需要使用助词；（3）译者可以补充连词，使译文便于理解；（4）译者可以省略在译语中无对等表达的源语词汇；（5）译者可用短语来译词汇；（6）译者可将隐喻用法译为非隐喻用法，反之亦然；（7）译者需要注意语言使用的多样性，并增加必要的补充说明。

中世纪法国人文主义者和翻译理论家多雷（1509—1546）系统地阐述了翻译理论。1540 年，他发表了专门论述翻译理论的文章《论如何出色地翻译》，提出了翻译五原则：（1）必须完全理解原作品内容；（2）必须精通原作语言和译作语言；（3）必须避免逐词对译；（4）必须使用通俗易懂的日常语言；（5）必须重视译文修辞，通过选词和调整词序使译文产生色调适当的效果。多雷的翻译五原则涵盖了对翻译的理解、译者对语言的把握、翻译方法以及译作风格等，系统论述了翻译问题，对西方翻译理论发展做出了重要贡献。

西方翻译理论研究在近代（17—19世纪）进入黄金时代，出现了许多翻译理论家，他们从不同角度提出了更加系统、更加具体的翻译原则。17世纪，英国最重要的翻译家约翰·德莱顿（1631—1700）把翻译分为逐词译、释译和拟译三类，他认为翻译不能采用逐词译和拟译，而应该采用折中的释译翻译方法。德莱顿提出了以下翻译原则：（1）翻译是艺术，在忠实原作和保留原作者特点的基础上，尽可能再现原作的美；（2）翻译时，译者必须掌握原作的特征；（3）译者必须考虑译文读者；（4）译者必须服从原作的意思；（5）翻译可以借用外来词。

法国翻译家夏尔·巴特（1713—1780）是18世纪法国及欧洲最具影响力的翻译理论家之一，于1750年出版了《论文学原则》一书，对翻译问题进行了详尽的阐述，他在书中提出了12条翻译原则：（1）尽可能保留原作的语序；（2）保留原作思想出现的先后顺序；（3）使用同样长度的句子；（4）再现原作连词；（5）所有的副词都应位于动词前或后；（6）原文对称的句子应该翻译成对称的句子；（7）对于原文中的思想，译文应尽可能使用相同的篇幅来表达；（8）保留原文的修辞；（9）原文的谚语和警语应用译语对等的谚语和警语翻译；（10）避免释译；（11）放弃原文的表达形式、表达的情感与和谐，用简洁、易懂的语言传达原文的意思，达到译文活泼和赏心悦目的效果；（12）原文内容可以用译语的不同形式来表达。巴特的翻译思想是18世纪西方翻译理论发展史上的一个重要里程碑。

英国著名翻译理论家泰特勒（1747—1814）于1790年在其著作《论翻译的原则》中提出了著名的翻译三原则：（1）译作应完全复写出原作的思想内容；（2）译文的风格和笔调应与原文的性质相同；（3）译作应具备原作所具有的通畅。他认为出色的翻译应该将原作的特点完整地转达到译作中，使译作读者同原作读者一样能强烈地感受到其特点。泰特勒的翻译理论系统、全面，被称为西方翻译理论历史上的一个重要里程碑。

"俄罗斯文学之父"普希金（1799—1837）也阐述过自己的文学翻译原则。普希金认为：（1）译者在选择原文材料上必须有自己的主张，不能人云亦云，受别人思想的支配；（2）译者在处理原著的过程中应当享有充分的自由；（3）若原著独具特色，译者必须尽量保留。

第二次世界大战以后，语言学家和翻译理论家将语言学、文化、认知与翻译研究结合起来，拓宽了翻译研究的范围，加深了对翻译规律的认识，出现了翻译研究的语言学转向和文化学转向。美国语言学家、翻译理论家尤金·奈达（1914—2011）从语言学的角度出发，根据翻译的本质，提出了"动态对等"的翻译原则，进而结合社会语言学和语言交际功能的观点提出了"功能对等"的翻译原则。功能对等不是语言的对等，而是语言功能的对等，是读者心理反应的对等。译文在译文读者心中的反应是否和原文在原文读者心中的反应相似（并非相等），才是奈达所关注的。功能对等理论的核心是译语接受者对译语信息的反应和源语接受者对原文信息的反应基本相同。

以上这些翻译原则学说都是构成西方翻译理论的重要组成部分，对翻译事业的发展做出了重要贡献。

1.3.2 科技翻译原则

纵观古今中外对翻译原则的论述，尽管存在差异，但总体而言，都紧扣"忠实"二字，无非要求译作尽可能地接近原作，尽可能地传达原作的思想内容。翻译的内容十分广泛，除了宗教文本和文学翻译外，还有科技翻译、应用文翻译、政论文翻译等。根据原作的体裁和内容不同，翻译标准各有侧重，各具特点。科学是认识宇宙的实践方法，是客观的知识系统，阐释科学的语言要体现客观事实，遵循内在逻辑，来不得半点含蓄与夸张，所以科技文献注重客观性，不带有主观的感情色彩，要求逻辑严谨、简明扼要。根据科技文献的特点，我们在翻译科技文献时要注意下面几项原则。

1. 语义准确忠实

科技文献旨在阐述客观事物的本质特征，逻辑性强、结构严密、术语繁多，所以译文必须概念清楚、条理分明、逻辑正确、数据无误、文字简练，尤其要特别注意定义、定律、公式、算式、图表及结论，这些内容的翻译要求高度的准确性。一旦科技翻译有误，不仅会影响读者对原文的理解，传递科技错误信息有时还可能会导致科学研究、生产实践、生命健康等的重大损失，所以在翻译科技文献时，译者不能有任何歪曲、遗漏、篡改或任意增删，译文要与原文保持语义一致，准确、完整地传达原文的信息内容。请看下面这个例子：

> **例** "Site" refers to the land and other places on, under, in or through which the Permanent Works or Temporary Works designed by the Engineer are to be executed.
>
> **译文** "工地"是指工程师设计的永久性或临时性工程施工所需要的土地及其他场地。

原文句式结构较为简单，由主句和 on, under, in or through which 引导的定语从句组成。但译文的译者在翻译过程中忽略了介词 on, under, in or through 所要表达的内涵语义，出现了信息遗漏，违背了科技英语翻译准确性的要求。试看以下修改完善后的译文：

> **改译** "工地"是指工程师设计的永久性或临时性工程施工所需要的土地及其他场所，包括地面、地下、工程范围之内或途经的部分。

2. 表达通顺规范

语义忠实，不是指逐词死译，译文语言必须通顺易懂，符合译入语的表达规范。科技翻译的社会价值就在于为专业技术人员、学者等提供准确的科技信息和资料以及为大众提供科普知识。如果逐词死译、生搬硬套，势必会造成译文文理不通、生涩难懂。我们看看下面两个例子：

例1 If we compress a gas, it becomes hot; if we allow it to expand, it cools.
  译文 如果我们压缩气体，它会变热；如果让它膨胀，它便会变冷。

该句是一个复杂句，由两个并列的主从复合句组成，每个主从复合句都有一个条件句。该译文是严格按照英语的句式结构逐个对应的硬性翻译，所以显得较为生硬。翻译时，我们应更多关注语句之间的内在语义逻辑关系，摆脱英语语句形式的束缚，使译文更准确、表达更精练。改译如下：

> **改译** 气体压缩会升温，膨胀就降温。

例2 These devices shall be designed in such a way that they may be used in a computer system or network to provide cryptographic protection to binary data.

句中的 such...that 是英文用连接成分表达逻辑关系的语句结构之一。如果我们拘泥于原文的"形合"，在译语中使用不必要的连接成分，就会产生"翻译腔"很浓的译文，如下所示：

> **译文** 这些设备必须以这样的方法来设计，以至能够用于计算机系统或网络，以便对二进制数据提供密码保护。

如果仔细分析原句的 such...that 这一搭配，我们就不难看出 that 从句的句法功能是与前面的内容相呼应，表示结果。改译如下：

> **改译** 在设计上，必须使这些设备能够应用于计算机系统或计算机网络，为二进制数据提供密码保护。

以上两个例句的翻译舍弃了原文连接成分后的译文，更符合汉语表达习惯，且句子所隐含的逻辑关系在功能上也基本与原文对等。一味追求语句形式上的对应，其效果往往适得其反。

在科技翻译中，除了译文准确通顺外，我们还要注意译文需合乎规范。首先是专业术语翻译的规范性。术语的规范化对科技发展、信息传递、科技交流、标准化工作等都具有十分重要的意义。术语规范化是一个揭示概念体系和研究术语有序体系的复杂过程，涉及面广，工作量大。因此，各国与国际上都成立了专门机构，从事此项工作。例如，国际标准化组织第 37 技术委员会（ISO/TC37）制定了 ISO/R860–1968《概念和术语的国际统一》和 ISO/DIS704《术语学原则与方法》。我们在制定规范性的科技翻译标准和术语翻译原则时，应参考有关的国家标准和国际标准。很多专业术语翻译都有统一的译文，对于已经通用的术语，不能随意改动，如 diffraction 只能被翻译成"衍射"，而不能被译成"绕射"。创造新译名要能正确地表达出事物的真实含义。同一篇文章、同一部著作中的术语译名必须统一。此外，某些正式程度很高的科技文献，其语言程式、体例，甚至特定部分的用词大致不变。译者要遵循规范，按照定型或基本定型的语句规范进行翻译。比如专利说明书的权项部分，开头语一般有：

I (We) claim... / What is claimed is... / What I (We) claim...

以上语句虽然不同，但作用和意义相同，一般被译成："请求权项""专利要求范围""本专利的权项范围是"等相对固定的句式，而不是被逐字翻译成"我（们）宣告""我（们）要求的是"这类话语。

标准文献也有一些常用的语句和相应的译文，如：

This standard relates to / is concerned with / deals with... 本标准关于 / 论及 / 涉及……

Unless otherwise stated/specified... 除了另有说明 / 规定外……

Unless agreed between the purchaser and the manufacturer... 除了购制双方另有协议外……

3. 措辞贴切优美

在保证译文准确忠实、通顺规范的基础上，我们还要追求措辞贴切优美。"言之无文,行而不远",文章如果缺乏文采,必然会影响它的可读性和受欢迎程度。科技文体虽然注重客观性,不带有主观的感情色彩,但是如果译文能够使用恰如其分的修辞,必然会增添科技文献译文的"文采";尤其是科普文献,不仅具有科学性,还具有文学性、通俗性和趣味性等特点。宣传和普及科学知识并不是枯燥的概念和干巴巴的术语名词的简单堆砌,生动形象的语言和恰当的修辞把科技知识完美而又毫不枯燥地表达出来,不仅有助于激发读者的兴趣,而且有利于科学知识的传播。我们看看下面几个例子:

例1 While stars and nebulae look like specks or small patches of light, they are really enormous bodies.

　　译文 星星和星云看起来只是斑斑点点,或是小片的光,但它们确实是巨大的天体。(specks 没有被译为"斑点",而是用叠词"斑斑点点"来译,更加忠实原文,再现了原文"多而广"的含义。)

例2 There is no intelligence where there is no change and no need of change. Only those animals partake of intelligence that have to meet a huge variety of needs and dangers.

　　译文 没有变化和不需要变化的地方,就不会有智慧。只有那些要遭遇千难万险的动物才能拥有智慧。(a huge variety of needs and dangers 被译为"千难万险",而不是"各种各样的困苦和危险"。)

例3 Truly air-minded men always kept dreaming of mounting an engine on a glider, so that it could soar upward in powered flight.

　　译文 老实说,把发动机装在滑翔机上,以使滑翔机能使用动力向高空飞行,这一直是热心于航空事业的人们梦寐以求的。(always kept dreaming of 被译为"梦寐以求",而不是"一直梦想着"。)

　　在这三个例句中,译者并没有改变原文风格,但通过有意识地运用汉语特有的叠词和四字习语,把事物刻画得鲜明生动。可见,若措辞恰到好处,不仅能更加准确地表达原文的含义,而且能使译文更加生动、活泼,使读者更有亲近之感。

1.4 科技翻译要求

1.4.1 翻译过程与要求

翻译的过程是正确理解原文和创造性地利用另一种语言再现原文信息的过程，主要包括两个阶段：分析原文的理解阶段和将源语转化成译语的表达阶段。如果再加上译前选材和译后的审校和润色阶段，翻译过程一般由选材、理解、表达和校对等几个阶段组成。

翻译过程的每个阶段都有自己的要求，科技语料具有其自身的特点，科技翻译有适应自身语言特点的翻译原则。根据科技翻译原则，科技翻译过程的每个阶段要求如下：

在选材阶段，译者要慎重选材。科技翻译的主要目的是传播科技知识，译者在选材时首先要关注原文的正确性、权威性；如果原文不正确，译文必然错误，从而误导读者，甚至产生严重的后果。权威性的科技文献往往会经过反复核对，具有较大的影响力，其译文的指导意义会更大，传播效果会更好。其次，译者在选材时还要注意原文的时效性，过时的科技文献往往随着科技的发展已经失去现实意义，有些过去被认为是正确的理论可能已经被推翻或者有了新的发展。在科技高速发展的时代，每个行业领域的科技文献多如牛毛，如果不精挑细选，投入大量精力译出的成果可能意义不大，甚至会对工作产生误导。

理解阶段的关键是透彻理解和把握住原文的内容和实质，译者要从整体出发，结合专业内容，通过对词汇和语法的分析，彻底弄清原作的内容和逻辑关系。此外，译者必须结合原文的上下文来进行理解，否则翻译时往往容易出错。科技文献中有些句子的翻译，不能单靠语法关系来理解，还必须从逻辑意义或专业内容上来判断，特别要注意某些特有事物和专门术语所表示的概念。

表达阶段的任务就是把已经正确理解的原文内容，用目标语恰如其分地重述出来。要使译文表达得通顺，最重要的一点是译文规范，这就要求译者按照目标语的语法规则、语言习惯和修辞艺术以及相关专业术语等去组织译文的句子，重视语序的安排，语气、时态、语态的表达，虚词的恰当使用，复合句结构的安排等。

校对阶段是确保译文准确忠实、通顺流畅必不可少的一个阶段。这个阶段对于科技文献的翻译尤为重要，因为这类文献中公式及数字较多，要有高度的精确性，绝不能疏忽大意。

1.4.2 翻译对译者的要求

从翻译过程可知，译者是翻译工作的直接承担者，译者的兴趣爱好、语言能力和价值观等直接决定翻译的选材对象和译文质量的优劣。罗马帝国时期的奥古斯丁认为译者应该通晓两种语言，熟悉并"同情"所译题材，具有一定的校勘能力；文艺复兴时期的伊拉斯谟认为译者必须具有丰富的语言知识；中国古代佛经翻译家彦琮和近代翻译家林语堂都对译者提出了一系列的要求。

隋初的彦琮在《辩证论》中对译者提出了"八备"之说。所谓"八备"，是指做好佛经翻译工作必须具备的八个最基本的条件：

1）"诚心爱法，志愿益人，不惮久时，其备一也。"这要求译经人诚心诚意接受佛法观点，立志做有益于他人的事业，不怕花费长久的时间。

2）"将践觉场，先牢戒足，不染讥恶，其备二也。"这要求译经人品行端正，忠实可信，不惹别人讥笑厌恶。

3）"筌晓三藏，义贯两乘，不苦暗滞，其备三也。"这要求译经人对佛教经典有渊博知识，通达大小乘经论的义旨，不存在含糊疑难的问题。

4）"旁涉坟史，工缀典词，不过鲁拙，其备四也。"这要求译经人通晓中国经史，具有高深的文学修养，文字表达准确，不疏拙。

5）"襟抱平恕，器量虚融，不好专执，其备五也。"这要求译经人心脑宽和，虚心好学，不固执己见，不武断专横。

6）"耽于道术，淡于名利，不欲高衒，其备六也。"这要求译经人刻苦钻研学问，不贪图名利，不奢望高贵职衔。

7）"要识梵言，乃闲正译，不坠彼学，其备七也。"这要求译经人精通梵文，熟悉正确的翻译方法，不失梵文所载的义理，但又不能拘泥于梵本格式。

8）"薄阅苍雅，粗谙篆隶，不昧此文，其备八也。"这要求译经人对中国文字学具有一定的修养，熟悉文字的使用，保证译文通畅典雅，忠实准确。

彦琮所提出的"八备"，是他长期从事翻译工作的经验总结，绝不是单纯的形式要求，尤其是第一、第五、第六这三条，特别注重翻译人员的思想修养，可谓深探本原。"八备"的核心是要求翻译力求忠实，而要做到忠实，译者必须要有高尚的品德和一定的汉、梵文的修养和造诣。彦琮的主张在当时起到了保证译经质量的作用，对后人影响也很大。

在对译者的要求方面，林语堂认为翻译艺术依赖三条："第一是对原文文字上及内容上透彻的了解；第二是译者有相当的国文程度，能写清顺畅达的中文；第三是译事上的训练，译者对于翻译标准及手术的问题有正确的见解。"他认为翻译除了上述三条外，"绝对没有什么纪律可为译者的规范"。林语堂对译者提出的这三条要求看起来平平无奇，实际上深中肯綮。

1.4.3 科技翻译对译者的要求

过去的翻译家对译者提出的要求无疑对科技翻译工作者有许多指导作用。由于科技文献有其自身的文体和语言特点，因此科技翻译对译者的要求与文学等其他类型的翻译相比略有差异。根据前人经验总结和科技翻译的原则，要做好科技翻译工作，保证译文质量，译者必须具备下面几个条件：

1. 有较高的外语水平

没有很高的外语水平，就无法保证能够透彻理解外文文献，同时也不太可能把中文翻译成地道的外文。科技翻译的首要原则是忠实原则，科技文献中的定义、定律、算式、公式、数字、图表及结论等在翻译时都不能有半点差错，要保持对原文的忠实，必然要求译者透彻地理解原文，译文要准确忠实，同时还要符合译入语的语言表达习惯。只有具备较高的外语水平，译者才能把外文的信息不折不扣地用汉语表达出来；只有具备较高的外语水平，译者才能把中文文献用准确、规范和流畅的外语表达出来。

在科技文献中，有的句式复杂、逻辑性强，外语水平差的人是很难正确理解和准确翻译的。所以，译者要有较高的外语水平，这样才能解决原文中的语言理解问题。

例1 We learn that sodium or any of its compounds produces a spectrum having a bright yellow double line by noticing that there is no such line in the spectrum of light when sodium is not present, but that if the smallest quantity of sodium is thrown into the flame or other sources of light, the bright yellow line instantly appears.

错译 我们知道，钠或任何钠的化合物产生了带有一条鲜黄色的双线光谱，并通过注意到当钠不存在时，光谱中就没有这条线，如果把很少的一点钠投入火焰或其他光源中，一条黄色的双线光谱立刻就会出现。

改译 当我们把很少的一点钠投入火焰或其他光源中时，会立即看到光谱中出现一条黄色的双线；当钠不存在时，光谱中的这条线也就消失了。由此我们知道，钠或任何钠的化合物所产生的光谱都带有一条鲜黄色的双线。

原文的 by noticing 是用来说明句中谓语动词 learn 的，不是并列的关系，译者将其译成"并……"不妥；由于 noticing 所带的是两个并列的宾语从句，而这两个名词性从句又各带一个状语从句，结构拉得很长。汉译时，如果译者按照原来的顺序进行处理，就不太妥当，修改后的译文把顺序进行了改变，先说明原委，再归纳出认识，这样一来，逻辑合理，行文也顺畅。

例2 Prefabrication is by no means a new idea, but in the past, unimaginative uniformity in design, together with limited materials, led to a natural distaste for this form of construction.

错译 预制绝不是一个新想法，但在过去，缺乏想象力的统一设计／缺乏普遍的想象力的设计，导致对这种材料的自然厌恶。

改译 预制绝不是现在才有的理念。但在过去，由于设计缺乏想象力，千篇一律，再加上材料有限，自然使这种建筑方法不受人们青睐。

这个句子译文出现错误的原因主要是译者对原文的名词结构 unimaginative uniformity in design 理解错误。

在汉译英时，英语水平不高造成的翻译问题也常常出现。

例3 血清 Gg 高效薄层分析表明，原发性肝癌病人血清 Gg 图谱与正常血清 Gg 图谱类似，主要成分为 GM3、GM2、GD3、GD1a、GT1b。

错译 Comparing with the high performance thin layer chromatogram (HPTLC) of normal serum Gg, the main components of Gg from PHC serum were GM3, GM2, GD3, GD1a, GT1b.

上面译文中的 Comapring 分词短语的逻辑主语并不是句子主语 the main components，也就是说，执行比较这一动作的不是 the main components，因此整个句子不连贯。此外，上述译文还犯有意思不明确和不完整的错误，因为在语义上，要进行比较的对象为 PHC serum Gg 与 normal serum Gg 二者的 HPTLC，而上述译文未能表达这一意思。

改译 Comparing the high performance thin layer chromatogram (HPTLC) of PHC serum Gg with that of the normal serum Gg, we found that the main components of Gg from PHC serum were GM3, GM2, GD3, GD1a, GT1b.

上述例子说明：引起错译的是英语语言问题，不是科技知识问题。所以，一个优秀的科技翻译工作者必须加强外语基本功的训练，多读多听，多背多记，多写多说，多译多改，不断地提高外语水平。

2. 有较高的汉语水平

若译者汉语水平不高，词语贫乏，翻译起来往往就会笔不从心，词不达意，译文既不通顺，又不符合汉语表达习惯。若译者汉语水平高，翻译起来就会得心应手，文笔流畅。

例1 The hope of "early discovery" of lung cancer followed by surgical cure, which currently seems to be the most effective form of therapy, is often thwarted by diverse biologic behavior in the rate and direction of growth of the cancer.

译文1 在早期发现肺癌并随之进行外科治疗，似乎是目前最有效的疗法，而这一希望常因癌生长速度和方向等生物学特征的不同而破灭。

译文2 人们希望"早期发现"肺癌，随之进行外科治疗，这可能是目前疗效最好的办法。然而，由于肺癌生长速度和方向等生物学特征的不同，早期发现的希望往往落空。

很显然，译文2比译文1更加通顺流畅。

例2 In fact, 0.1% of the antioxidant is the only stabilizer necessary to provide high gloss retention to HDPE during one year of South Florida weathering.

译文1 事实上，0.1%的这种抗氧剂是唯一一种能够使HDPE（高密度聚乙烯）在南佛罗里达老化一年期间保持高光泽需要的稳定剂。

译文2 事实上，0.1%的这种抗氧剂就足以抵御南佛罗里达一年的风化，为HDPE（高密度聚乙烯）提供很高的保光性，不需要其他的稳定剂。

很显然，译文2更符合汉语的表达习惯，中间有停顿，读起来更轻松顺畅。

译文采用哪种表达方式更好呢？这值得我们研究。总之，每句话的表达方式不止一种，在翻译中，译者应选出最准确、最简洁、最流畅、最优美的一种。这就要求我们提高自己的中文素养，从而提高译文质量。

3. 有一定的专业知识

与其他类型的翻译相比，科技翻译的显著特点是其专业性强，专业知识是科技翻译的基石；要做好科技翻译，不管是对原文的理解，还是译文的表达，译者都要有丰富的相关专业知识。译者若不具备一定的科技知识，便很难胜任科技翻译工作。翻译作品的质量与译者本人的科技素养紧密相关，从某种程度上可以说是由其科技知识水平所决定的。如果译者对科技翻译的内容似懂非懂，就会出现错译、漏译等。另外，译者的专业知识在很大程度上会影响科技翻译质量和翻译效率。当然，专业知识的培养需要译者长期而有意识的积累。下面的两个例子告诉我们，没有一定的专业知识是无法从事科技翻译工作的。

例1 Traditionally, rural highway location practice has been field oriented, but the modern method is "office" oriented.

译文 传统上，乡村公路定线采用现场定线法，而现在的方法则是采用纸上定线或计算机定线法。

从以上的例句可以看出，如果译者缺乏相关专业或行业知识，可能会把其中的 field oriented 和 "office" oriented 这两个术语按照字面的意思翻译为"田野导向"和"办公室导向"，而不是"现场定线法"和"纸上或计算机定线法"。

例2 检查机头整流罩、中央翼整流罩、发动机整流罩和机身－机翼对接整流罩的安装固定情况。

译文 Inspect the fairings of nose, center wing, engine and wing-body for their installation.

汉语原文中提到了四个整流罩，译者将其译成英语时，应该根据其位置和用途不同而采用不同的英译名。英语的"整流罩"有 fairing、cowling、dome、fillet 等表达：fairing 一般为固定的；cowling 为活动式、可以拆卸的；dome 一般为圆形，如开线整流罩等；fillet 常用于接合处。

改译 Inspect the nose dome, central wing fairing, engine cowling and wing-fuselage fillet for their installation and fixation.

4. 熟练掌握机器辅助翻译技术

在科学技术高度发达的时代，有海量的科技信息需要翻译，仅凭人工翻译已经无法满足经济、科技和社会发展需要。科技文献含有许多专业术语和统一的句式，这为机器翻译提供了便利，我们可以用翻译软件建立一个专业领域的翻译数据库，如 Trados 软件，可随时记录译者所译的术语入库，后面重复该术语或近似表达时可以给出提示，确保前后术语翻译的一致性，避免重复劳动，提高翻译效率，是译员的良好助手。当前和未来的主流翻译模式是人机交互翻译，机译可提高效率，人工编译则提高准确率。借助技术可避免重复劳动，可快速查词、统一译名等，译者可将宝贵的时间用于理解、校正、修改、润色上。

5. 有大量的科技翻译实践

大量的科技翻译实践是保证译文质量的必要条件之一，通过翻译实践，译者可以把翻译理论和翻译技巧运用于实践中。译者可以在实践中深刻领悟各种科技体裁的特征，在篇章语境中确定词义、句义，确定语义之后还要锤炼词句，使其符合科技语体特征。通过大量的科技翻译实践，译者不仅能提升自己的语言表达能力，还能积累专业方面的知识，熟悉更多的专业表达规范。一个优秀的科技翻译工作人员必须在工作中按照从简单到较难再到难度更大的顺序参与科技翻译实践，翻译水平在锻炼过程中逐步得到提高。

6. 有严肃认真的科学态度

科技翻译对科学性和准确性的要求比文学翻译更加严格，特别是在翻译专业性的内容时，译者不能有丝毫的疏忽，既不能断章取义，更不应望文生义。一旦技术上译错，就可能带来不可挽回的严重后果。"严肃认真"四字应成为每个科技翻译工作者的座右铭。

科技翻译中的错误常常是由缺乏严谨的态度造成的，如 Guinea pig 被译成"几内亚猪"；"We develop vaccines to fight anthrax and other deadly diseases." 被译成"我们将发展抗炭疽病和其他致命疾病的疫苗。""Gunman had magazines strapped to his legs." 被译成"枪手腿上绑着许多杂志。"这些错误翻译都是望文生义造成的，只要查一查词典，我们就能很快知晓 Guinea pig 是指一种常被用于生物或医学实验的动物——天竺鼠；通过查词典并结合语境，我们也可以判断出 develop 和 magazine 应分别被译成"研制"和"弹匣"。没有养成查词典的良好习惯，而望文生义所导致的错译不胜枚举，译者要避免工作不认真造成的翻译错误。

1.5 计算机辅助翻译下的科技英语翻译

现代信息技术的发展，为翻译工作者提供了更多的翻译技术和辅助工具。当前，市场上可用的网络词典、翻译软件、检索引擎等非常多，包括金山词霸、维基百科、必应、有道翻译等。译者应选择适合自己行业的、较权威的辅助工具，从而保证译文的准确度和质量，也有助于提高翻译效率。此外，译者的信息检索和辨析能力也很重要，也就是所谓的"搜商"。译者需能够使用各种组合方法进行检索，同时能够从众多检索结果中区分、辨别出适用的信息。

随着人类对机器翻译（Machine Translation，MT）研究的深入推进，计算机辅助翻译（Computer-aided Translation / Computer-assisted Translation，CAT）应运而生，它是指译者借助计算机辅助翻译技术或工具而进行的一种翻译形式。近年来，计算机辅助翻译技术得到了快速发展，使得科技翻译活动发生了翻天覆地的变化。计算机辅助翻译技术以翻译记忆技术（Translation Memory，TM）为核心，当翻译者在进行翻译时，计算机辅助翻译软件便会在后台建立语言数据库，每当相同或相近的短语或语句出现时，系统会自动提示用户使用记忆库中最接近的译法，译者可以根据自己的需要采用、舍弃或编辑重复出现的文体。另外，译者还可以导入或建立自己的术语数据库，对于术语丰富的科技翻译而言，十分方便。与人工翻译相比，计算机辅助翻译具有许多优点，如提高翻译速度和翻译质量、为译者提供充足的语料库信息、降低译者的劳动强度、帮助译者完成模糊翻译、使译文语言更加专业、保证术语的规范性和一致性等。因此，计算机辅助翻译越来越受到职业译员、翻译爱好者、语言服务公司、翻译研究者等的青睐。当前，随着人工智能（Artificial Intelligence，AI）技术的快速发展，计算机辅助翻译的功能更为强大，翻译质量和翻译效率进一步提高。尽管如此，计算机辅助翻译只能作为人类从事翻译活动的一个工具，而不能取代人工翻译。本教材第 5 章还将对计算机辅助翻译进行详细的讨论。

练习

一、结合本章所学内容，回答下列问题。

1. 科技英语翻译与其他文体的翻译有什么不同？
2. 科技英语有哪些特点？
3. 科技英语翻译的标准有哪些？
4. 什么是计算机辅助翻译？计算机辅助翻译技术有哪些优势？

二、试比较下列译文，说一说哪种译文更好并给出原因。

原文1 我国传统长壁式采煤法将工作面两端的区段进、回风巷布置在同一层位，工作面之间需留设区段煤柱，相邻工作面的巷道均处于同一层位，形成平面系统。对于厚煤层，区段煤柱煤损严重，厚煤层无煤柱开采在实际工程中难于实现。

译文1 In China, the gate roads on both ends of the panel in the conventional long wall mining method are located in the same seam level. A pillar is left between the adjacent two panels and all the gate roads for the two neighboring panels are located in the same level constituting a plan system. For the thick seams, the pillar between the panels is seriously damaged and yet pillarless mining is difficult to implement.

译文2 In China, both headentry and tailentry on both sides of the longwall panel are normally located in the same seam. A chain pillar is left between the panels with entries also in the same seam. Therefore, the aforementioned roadways, panels and pillars will create a planar production system. However, for the thick seams, the chain pillar between the panels could be seriously damaged and therefore it is difficult to use pillarless mining.

原文2 With this reliance on radio comes the second major factor, an increasing use of Land Mobile Radio for the transmission of confidential information.

译文1 由于对无线电台的依赖,就产生了第二种主要的因素,即用于保密信息传输的陆地机动电台的大量使用。

译文2 依赖无线电台所造成的第二个主要因素,就是越来越多地使用陆地机动电台来传输保密信息。

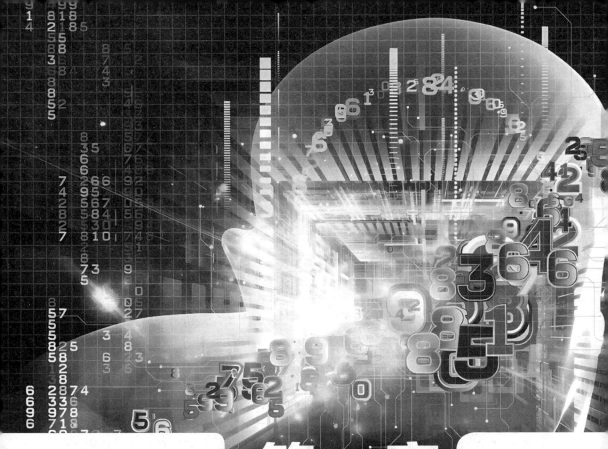

第 2 章

中西思维差异与科技翻译

吕叔湘曾说过："指明事物的异同所在不难，追究它们何以有此异同就不那么容易了。而这恰恰是对比研究的最终目的。"本章是想通过中西思维方式的比较，对汉英语言尤其是科技语言进行分析，以求帮助译者在科技文献英汉互译的过程中选择更加适用的方法与策略。

2.1 中西思维方式比较

从哲学逻辑和语言学角度而言，思维是人脑认识客观现实的一种活动，思维过程是一个由概念到判断、由判断到推理的过程。民族之间的文化差异关键在于其思维差异。另一方面，思维方式又与语言密切相关，是语言生成和发展的深层机制，语言又促使思维方式得以形成和发展。语言是思维的主要工具，是思维方式的构成要素。思维以一定的方式体现出来，表现于某种语言形式之中。随着研究的深入，研究者发现，除了逻辑思维之外，还有形象思维、顿悟思维等思维形式的存在。逻辑思维也叫抽象思维，形象思维也叫具象思维（具体的形象思维），顿悟思维也叫灵感思维（是指借助直觉启示所猝然迸发的一种领悟或理解的思维形式）。思维方式是人类在认识过程中形成的带有一定普遍性和稳定性的思维结构模式和思维程式，它是思维规律和思维方法的统一结合形式。思维方式的差异，是造成语言差异的一个重要原因。

2.1.1 了解思维方式的必要性

人类的思维是在生产实践活动作用下人脑发展到高级阶段的机能，是人类历史长期发展的产物。思维从不同角度、不同侧面来观察和反映客观世界，也对客观世界进行分析和综合。某个民族将长期以来对现实的认识凝聚成经验和习惯，借助语言形成思想，又赋予思想以一定的方式，就形成了这一民族所特有的思维方式。思维方式是一个复杂的结构，其深层的表现有情感、意志等暗流及更深的以潜意识存在的观物态度，而其浅层的表现则为语言。

思维方式是沟通文化和语言的桥梁，与两者皆密切相关。一方面，思维方式体现于民族文化的所有领域，包括物质文化、制度文化、行为文化、精神文化和交际文化，尤其体现于哲学、科技、文学、美学、艺术以及宗教、政治、法律等领域；另一方面，思维方式又是语言生成和发展的深层机制，语言又使得思维方式得以形成和发展。语言是思维的主要工具，是思维方式的构成要素。思维以一定的方式体现出来，并表现于某种语言形式中。因此，要研究语言的特征及其转换、语言与文化的关系、不同民族语言和文化的差异，就必须深入研究与语言和文化均有密切关系的思维方式。

2.1.2 中西思维模式差异的主要表现

思维方式是一个复杂的结构，其外在的浅层表现就是语言。语言是思维的构成要素，是思维的重要工具。思维促成了语言的产生与发展，同时语言又促使思维方式得以发展。研究语言的特征及转换，如研究科技英语翻译，就必然要研究与语言文化有密切关系的思维方式。思维层次是一切翻译活动的基础。人类有着基本相同的思维，这也使得翻译成为可能，但不同民族的思维方式又有着一定的差异。著名翻译家傅雷曾经说："东方人与西方人之思想方式有基本分歧，我人重综合、重归纳、重暗示、重含蓄；西方人则重分析，细微曲折，挖掘唯恐不尽，描写唯恐不周。"这一言论生动地概括了两种思维模式的主体差异。

1. 曲线思维与直线思维

中国传统的宇宙观强调"天人合一"，追求物我不分，万物有情，天人同体同德的"圆满"境界。汉语偏向曲线思维，具有较强的立体性和间接性，围绕主题起、承、转、合，形成了中华民族以尚圆为美的审美心理习惯。汉语的篇章发展往往采用迂回的方式，不直截了当地阐述主题，而是声东击西，推迟主题出现，再螺旋式逐步回到主题。这种思维常常表现出重复性的深化阐述，更进一步，在更高层次上进行思索与论述。

反之，西方宇宙观主张"天人相分"，认为事物之间是独立的，一切都在向前发展变化。英语偏向线形思维，讲究逻辑，西方人往往以直线推进的方式，进行严密的推理分析，在语言表达上表现为直截了当、开门见山地表明看法或观点，直奔主题，然后再展开论述，依次说明背景、条件、原因、方式等。

此外，中国人注重综合、整体，强调和谐，不突出个人，表达较为含蓄、委婉，其思维模式呈螺旋形。而西方人强调个体，突出个人的特性或观点，态度直接，其思维模式呈直线形。

例如，中国人会略带迂回地表达："你那么美丽、善良，我倾慕你许久了。"而西方人则直抒胸臆："I love you so much, because you are not only beautiful but also kind." 再如，"Three passions, simple but overwhelmingly strong, have governed my life: longing for love, the search for knowledge, and unbearable pity for the suffering of mankind." 其译文为："渴望爱、寻求知识、对人类苦难的深切同情，

这是支配我们生活的三种简单却无比强烈的情感。"英文原文体现了英语思维先总述再展开的一种直线形思维模式，而汉语译文对主位与述位进行了部分切换，体现了先分述后总结的螺旋式思维。

2. 整体思维与解析思维

对自然界的朴素认识使得中国人惯于按照自然界的本来面目把它当作一个整体来观察，并崇尚人与自然、个体与社会互相影响、不可分割，寻求事物间有机关联性的思维方式。这种思维方式善于从客观的具象出发，通过类比联想对客体进行抽象思维，因此具有鲜明的综合性特征，更易把握事物发展的全景，但难以揭示现象背后的深层原因，通常会得出停留在现象的结论上。例如，中国元曲作家马致远的一首小令《天净沙·秋思》，以枯藤、老树、昏鸦等多种景物并置，组合成了一幅秋郊夕照图，让天涯游子骑一匹瘦马出现在一派凄凉的背景上，一共列出10种景物，言简而意丰。

西方人明确区分主体与客体，人与物质相互独立，在长期的积淀中形成一种思维模式：按照一定程序思考，把复杂的问题简单化，再逐个研究，由已知推导未知，再科学论证，最后得出合乎逻辑的结论。这种重理性、重分析、重形式且严密、精确的解析思维体现了西方人的思维特征。不过，这种思维模式让人容易孤立、片面地看待事物，缺乏整体观和想象力。例如，西方的油画绘画的第一个步骤往往是涂背景，然后把所画内容用颜料逐层画上。而中国的水墨画则无须先涂背景，而是借助毛笔的各种笔法运行呈现画面的浓淡深浅。这正体现了西方的解析思维与中国的整体思维的不同。

3. 直觉思维与逻辑思维

中国传统思维很注重实践经验，从总体上模糊而直接地把握认识对象的内在本质和规律，满足于对经验的总结与想象的描述，而不追求对感性认识的深层思考和透过现象看本质。这种直觉经验性思维着重类比推理，而忽略逻辑论证，如中国古代的中医理论讲究"望、闻、问、切"，以此为开具药方的依据，属于典型的感性直观和经验判断。

对比之下，西方思维则强调实证、理性和思辨，并通过这种逻辑实证性思维深入探索和挖掘现象背后的本质原因。古希腊早期的哲学家们在自然界的各种观察中追求世界的本源。17世纪的勒内·笛卡尔（René Descartes）则重在对主体世界的探索，提出了"我思故我在"的理念论。19世纪的伊曼努尔·康德（Immanuel Kant）以批评纯粹理性的精神，全面探索科学以及形而上学能够成立和存在的条件；格奥尔格·威廉·弗里德里希·黑格尔（Georg Wilhelm Friedrich Hegel）从客观唯心主义出发，用辩证法思想重新确立了理论对现象世界本质的可知性，重新架起了现象世界（现象世界就是所有有限的存在或不存在状态的集合或总体）和自在之物（自在之物又被译为"物自体""物自身"，指在人的意识之外存在、只能信仰但不能被认识的本体）之间彼此过渡、转化的桥梁。概言之，逻辑实证性思维是对现象背后隐含的深刻原因的精心探索与深入挖掘。例如，我们汉语中常讲"书不尽言，言不尽意""只可意会，不可言传"等；写文章也常说"随笔""杂谈"，喜欢点评式地写一些感性认识，而西方思维多用逻辑思维，在论证、推理中认识事物的本质和规律。

4. 求同思维与求异思维

中国传统哲学以"天人合一"为最高境界，传统的儒家"大一统"思想更是要求人们具有相同的价值取向、人格标准、行为模式，追求和睦，崇尚群体意识，强调同一性，求同存异。而西方人则更注重寻求自然真理、个性独立、敢于冒险、敢于挑战权威，具有鲜明的个性特征，是典型的异中见同。

中国人更愿意把世界看成一个大家，各国之间和睦友善，亲如兄弟，共同发展，共建和平，共创未来。而西方则把世界看成大市场，虽在竞争中共同合作，但彼此有独立性，重在寻求各自的利益。例如，胡锦涛于 2006 年在耶鲁大学演讲时，曾说："我衷心希望，中美两国青年携起手来，以实际行动促进中美两国人民友好，同世界各国人民一道，共创世界美好的明天。"贝拉克·侯赛因·奥巴马（Barack Hussein Obama）于 2009 年在复旦大学演讲时，曾说："'但我们必须一定是对手'这一想法不应该是一成不变的。由于我们两国的合作，美中两国都变得更加繁荣、更加安全。我们基于相互的利益、相互的尊重就能有成就。"

2.2 思维方式差异对汉英语言表达的影响

语言与思维的关系是语言哲学中最引人注目、争辩最激烈的问题。德国著名语言学家威廉·冯·洪堡（Wilhelm von Humboldt）认为："每一种语言都包含着一种独特的世界观。人从自身中造出语言，而通过同一种行为他也把自己束缚在语言之中；每一种语言在它所隶属的民族周围设下一个圈子，人只有同时跨入另一种语言的圈子，才有可能从原先的圈子里走出来。"著名的萨丕尔-沃尔夫假说（Sapir-Whorf Hypothesis）就认为，语言不仅是表达和标示思维的方法，也是一种形成思维的模子。操不同语言的集团群体对世界的体验和观察是不同的，讲不同语言的人从事认识思维活动的方式也是不同的。概括地说，思维决定、影响语言，尤其是语言结构的外在形态；语言影响思维和思维方式，又固化思维。

思维模式一方面在语言这个载体上得到反映；另一方面，也在语言的巨大作用下得到模式化、固化。

科技语言的突出特点，即客观性，决定了科技语言在词汇、句法和文体修辞三个不同的层面区别于其他文体语言。为体现科技语言的客观性、简明性与信息性，科技英语有其独特的句法特点：无灵名词（表示无生命的事物）作主语居多、被动语态句使用广泛、长句使用频繁、大量使用名词化结构。科技英语旨在表达和传递科技知识与信息，其语言特点自然与科技的特点密不可分。由于科学要求准确、严谨、注重客观实际，且表达应简明、严密，因此科技英语具有准确性、客观性和简明性的特点。众所周知，英语是一种形态型语言，而汉语则是一种以分析型为主的语言。形态型语言的特点决定了其无论是选词、造句，还是组织篇章，都必然注重语言形式的接应——形合，以形统神。

2.2.1 英汉语言本质比较——综合与分析

1. 形态变化

从语言形态学分类来看，英语具有综合语（synthetic language）特征，而汉语则是典型的分析语（analytic language）。综合语是指这种语言主要通过词本身的形态变化来表达语法意义（格、数、时等）。分析语是指这种语言中的语法关系主要不是通过词本身的形态来表达，而是通过虚词、词序等手段来表达。试看下面的例子：

例1 I am writing an article.
　　译文 我正在写篇文章。
例2 I wrote an article yesterday.
　　译文 我昨天写了篇文章。
例3 I have written an article.
　　译文 我已写了篇文章。
例4 I will write an article tomorrow.
　　译文 我明天写篇文章。

同样都是用"写"字，英语用了不同的词形变化来表示时间观念，而汉语只用一个"写"字，本身没有词形变化或时间观念，只能借助助词、副词或上下文来表示时间观念。由此可以看出，英语有形态变化，汉语没有严格意义上的形态变化。

在科技文体中，这种情况更是随处可见。

例5 Having obtained this evidence, he drew the following conclusions...
译文 在获得这个证据之后，他就得出了以下结论……

例6 Much has recently been done in the researches on the superconductors.
译文 近来在超导体研究方面做了大量工作。

2. 语序

形态变化越多的语言，词序越灵活。汉语是典型的分析语，词没有形态标志，位置不能随便移动，主要是通过安排词序以及使用虚词等来表达词语之间的关系。英语属于综合－分析语，词序较灵活。

英语词序倒置的现象比较多。虽然汉英句子的排列顺序基本一致，都是主—谓—宾（表），但英语会因其形态变化和运用丰富的连接词而出现各种倒装现象。

例1 Come you, everybody! (命令倒装)
译文 大家都来吧！
例2 What in the world do you mean? (疑问倒装)
译文 你的意思究竟是什么呀？

在科技文体中，此类现象也颇多见。

例3 So small is the diameter of the tube that it is hard to see it with naked eyes.
译文 这根管子的直径太小了，用肉眼简直看不出来。
例4 There exist on the earth hundreds of semiconductors, among which only two can be used to make transistors. They are silicon and germanium.
译文 地球上有数百种半导体，其中，只有两种能用来制造晶体管。它们是硅和锗。

汉语的定语一般放在名词的前面，而英语的定语位置比较灵活，在很多情况下可以通过形态变化或连接词等手段前置或后置，有些后置的定语从句可以很长。在具体的翻译实践中，译者一定要考虑英汉语的差异，灵活处理，这样译文才能比较符合译入语的特点。

例5 As one solution to railway transport modernization, freight and heavy-haul transport at relatively high speeds calls for the development of a new locomotive with an axle load of 25 t, which is capable of pulling a 4,000–5,000 t freight train at maximum speeds ranging from 80 km/h to 90 km/h.

译文 为了适应铁路运输现代化的需要，实现货物运输重载化、快捷化，需要研制轴重 25 吨、能牵引 4 000～5 000 吨货物列车、最高运行速度为 80～90 千米/小时的重载货运机车。

例6 The vibrating frequency of the quartz crystal in the electronic watch is counted by the circuits to make the hour, minute and second.

译文 电子表中石英晶体的振荡频率由线路计数来定小时、分和秒。

2.2.2 英汉句子结构比较——形合与意合

所谓形合，指的是句中的词语或分句之间用语言形式手段连接起来，表达语法意义和逻辑关系。所谓意合，指的是词语或分句之间不用语言形式手段连接，句中的语法意义和逻辑关系通过词语或分句的含义来表达。英汉句子结构最主要的区别在于：英语重形合，汉语重意合。具体来说，在英语句子中，英语注重结构、形式，主干结构突出，即主谓机制突出，抽象名词和介词用得多，然后借助关系词把各个子句有机结合在一起，构成一串串葡萄似的句子，因而比较严谨。而汉语注重隐形连贯、事理顺序、功能、意义，以神统形，甚少使用连接手段，因而比较简洁。英译汉时，译者往往要先分析句子结构，才能确定功能、意义；汉译英时，要先分析句子的功能、意义，然后才能确定句子的结构和形式。

英语中的连接手段很多，这里只列出几种常见的形式：

1. 利用关系词和连接词

关系词包括关系代词和关系副词，如 who、whom、whose、that、which、what、when、where、why、how 等，用来连接主句和从句。连接词包括并列连词和从属连词，如 and、or、but、yet、so、where、when 等。

例1 All was cleared up some time later when news came from a distant place that an earthquake was felt the very day the little copper ball fell.

译文 过了些时候，远方传来消息：在铜球坠落的当天，确实发生了地震。这一切终于得到了澄清。

例2 People who live in the areas where earthquakes are a common occurrence should build houses that are resistant to ground movement.

译文 居住在地震多发区的人们应该建造能够抗震的房屋。

2. 利用介词

介词是英语里最活跃的词类之一，是连接词句的重要手段。

例1 电流可以把动力传送到很远的地方，其损耗几乎可以忽略不计。

译文 Power can be transmitted over a great distance with practically negligible loss if it is carried by an electric current.

例2 这种类型的密封通常属于弹性唇密封。

译文 This type of seal generally is of elastomeric lip seals.

当然，英语中还有其他连接手段，如词缀变化、词的形态变化（性、数、格、时、体、语态、语气、比较级、人称等）。英语中常常综合运用上述的关系词、连接词、介词等手段，把各种成分连接起来，表达句子的语法关系和逻辑意义。

汉语重意合而不重形合，词语之间的关系常在不言中，汉语的意合法主要采取下列手段：

1. 语序

举例来说，汉语的主从复句，尤其是因果句，不到必要时，不用关联词，先因后果是常态；先果后因，属非常态。

例 她不老实，我不能信任她。

译文 Because she is not honest, I can't trust her.

2. 修辞，如反复、排比、对偶

这些句式不用关联词也齐整。

例 他不来，我不去。

译文 If he won't come here, I'll not go there.

3. 紧缩句

句式简洁、紧凑，分句之间的逻辑关系是隐含的。

例 有饭大家吃。
译文 Let everybody share the food if there is any.

4. 四字格
历经锤炼的四字格言简意赅，是意合法的佳作。

例 欲盖弥彰。
译文 The more one tries to hide, the more one is exposed.

当然，这里的形合与意合只是相对而言，随着语言的发展与文化的融合，英汉语都会有形合、意合句，但一般来说，英语形合句多，汉语则以意合句为主。

2.2.3 英汉语态比较——被动与主动

英语中的语态分为主动和被动两种。被动语态是英语里一种常见的语法现象，使用被动语态几乎成为英美人的一种表达习惯，尤其是在一些信息性文体中，如科技文体。科技文体注重事理和活动的客观叙述，力求戒除作者的主观性，故常避免提及施事（在语法上指动作的主体，即做出动作或发生变化的人或事物，与之相反的概念是受事，指动作的对象，也就是受动作支配的人或事物）。英语中被动概念的表达主要是通过语序变换、动词形态变化等语法手段来实现；而汉语没有这么多结构被动式的出现，即使有，也是意义被动式，不会体现在形式上。英语有形态的变化，所以在表达被动的概念时，不需要区分受事是否有生命，也不需要区分受事与动作之间是否有标记关联。被动语态在英语科技文体中大量使用，主要有以下几方面的原因：

1. 施事的原因
1）施事未知而难以言明。

例 Unless otherwise stated in the Particular Conditions, the Tests on Completion shall be carried out in the following sequence.
译文 除非特殊条件中另有说明，竣工检验应按下列顺序进行。

2）施事从上下文可以看出，无须明言。

例 He told me that his employer had dismissed him. No reason had been assigned; no objection had been made to his conduct. He had been forbidden to appeal to the board of directors.
译文 他告诉我，他的老板已解雇了他。没有讲明任何理由，对他的行为没有任何异议，也不许他向董事会申诉。

3）强调受事，将受事置于句子的前部以凸显信息重心。

例1 His only daughter was run over by a truck.
译文 她的独生女被卡车轧了。

例2 Monthly progress reports shall be prepared by the Contractor and submitted to the Engineer in six copies.
译文 承包商应撰写月进度报告，一式六份提交给工程师。

2. 句法的要求和语篇衔接的需要

英语中有时会出现用主动式不便于表达的情况，这时会采用被动式，使句子前后连贯、便于衔接。

例1 Many advances in computer technology took place in the twenty years after 1950. They are generally classified into four stages or generations.
译文 计算机技术的许多进步是在1950年之后的20年里取得的，通常可以分为四个阶段或四代。

例2 Some kinds of plastics can be forced through machines which separate them into long, thin strings, called "fibers", and these fibers can be made into cloth.
译文 有几种塑料可以压入机器并分离成细长的纤维，这种纤维可以用来织布。

3. 交际的礼貌原则

被动语态在特定的语境中能够表达对主语的尊敬，在科技英语中则可表明作者的客观态度。

例 There are other techniques that might help you with your studying. Only a few have been mentioned here.

译文 还有一些技巧可以帮助你学习，这里提到的只是其中的一部分。

4. 文体的需要

某些特定的文体较多使用被动句，这类文体包括科技文体、新闻文体等。科技文体力求对客观事理的客观叙述，避免主观臆断，常用被动句，以避免提及施事。

汉语多使用意义被动式，而非结构被动式。这一巨大差异的原因在于：中国人认为，人的行为必然由人来完成，这种不言而喻的思维模式使人们常隐含施事，所以就会出现"受事 + 动词"的格式。

例1 昨晚我盖了两床被子。

译文 Last night I was covered up with two quilts.

无须或不可能说出施事的时候，汉语采用无主句或省略主语的方式来保持句子的主动形式。

例2 要制造高铁就必须仔细考虑空气阻力问题。

译文 Air resistance must be given careful consideration when the high-speed train is to be manufactured.

例3 Methods are found to take these materials out of the rubbish and use them again.

译文 现在已经找到了从垃圾中提取这些材料并加以利用的方法。

汉语还采用一些泛称作主语，以保持句子的主动形式，如"人""有人""人们""大家"等。最典型的表达有："有人说……"（It is said that…）、"大家知道……"（It is well-known that…）、"人们普遍认为……"（It is generally considered that…）等。

例4 人们相信，发烧及其伴随的症状是人体克服毒素效应的保护性反应。

译文 It is believed that fever and the conditions that accompany it are protective reactions to overcome the effect of toxins on the body.

当然，汉语中还有一些其他表达在频繁使用，如"是……的"这种静态句子。

例5 这些产品是中国造的。

译文 These products are made in China.

例6 体积不是以平方毫米计算的,它是以立方毫米计算的。

译文 The volume is not measured in square millimeters. It is measured in cubic millimeters.

2.2.4 英汉语序比较——后置与前置

从英语五种基本句型的主干成分的语序来看,英语与汉语的语序是基本一致的。关于英语的基本句型,此处仅作简要介绍,具体内容详见3.2.1。

1. 主语 + 谓语

例 Electrons move.

译文 电子运动。

2. 主语 + 系动词 + 表语

例 Iron is a metal.

译文 铁是一种金属。

3. 主语 + 谓语 + 宾语

例 Motors drive machines.

译文 电动机驱动机器。

4. 主语 + 谓语 + 间接宾语 + 直接宾语

例 The monitor gives the operator a signal.

译文 监测器给操作人员一个信号。

5. 主语 + 谓语 + 宾语 + 补语

例 Heat causes ice to melt.
译文 热使冰融化。

英汉语序有相同之处，但在非基本句型的主干成分以及所有句型的修饰成分的语序上仍有许多差异，其不同主要表现在：

1. 英汉两种语言的定语位置差别很大

在定语的问题上，英语句子中，单词一般放在被修饰词的前面，短语和从句一般放在被修饰词的后面，修饰词语较分散；而汉语的词、词组、小句一般都放在被修饰词的前面，没有定语从句，较短的修饰词语较集中，较长的修饰词语较分散。

例 The moon is a world that is completely and utterly dead, a sterile mountain waste on which during the heat of the day the sun blazes down with relentless fury, but where during the long night the cold is so intense that it far surpasses anything ever experienced on the earth.
译文 月球完全是个毫无生气的世界，是一片多山的不毛之地。在酷热的白昼，太阳向它倾泻着无情的烈焰；而在漫长的夜晚，严寒却远远不是我们在地球上所能体验到的。

2. 英汉两种语言的状语位置差别很大

英语状语的位置可前、可后，而汉语的状语一般放在主要事件的表述之前。

例 当透镜系统旋转时，光点画出一个圆形轨迹。
译文 The spot of light describes a circular path when the lens assembly is rotated.

2.2.5 物称与人称

汉语和英语分别是东西方文化的载体，分属不同的语系。习惯于主体性思维的东方人往往从自我出发来理解、解释、描写客观世界中的事物，使语言表述带有主体性特征。汉语较常用人称主语表达，注重"谁怎么样了"，当人称不言自明时，就用"有人""人们""大家"等泛称来表达。而习惯于客体思维的西方人却常常把叙述的重点放在行为动作的结果或承受者上，相应地会用无灵名词（表示无生命的事物）作主语。在英语书面语中，非人称表达法仍是常见的一种文风，亦即物称表达法；不用人称来叙述，而让事物以客观的口气呈现出来。这种表达法往往使叙述显得客观、公正，结构趋于严密、紧凑。汉语重人称，英语重物称，这一特点主要表现在如何使用主语和动词上。英语用非人称作主语的句子大体可分为两类：

1. 用抽象名词作主语

例1 操作电机需了解电机的一些性能情况。
译文 The operation of an electric machine needs some knowledge of its performance.

例2 1840—1880 这 40 年中，近 1 000 万移民移居美国。
译文 The forty years, 1840–1880, brought almost ten million migrants to America.

例3 在采取纠正措施之前，应该暂停产品的验收和装运。
译文 Acceptance and shipment of products shall be discontinued until corrective action has been taken.

2. 用非人称代词 it 作主语

例1 人们普遍认为陆地动物是由海洋动物进化而来的。
译文 It is generally believed that land animals evolved from sea animals.

例2 应当强调指出，激光器并不是一种能源。
译文 It should be emphasized that the laser is in no sense an energy source.

例3 由此可以得出结论，对于电话工程师来说，波特率非常重要，因为它决定了所有电信信道的类型。
译文 It can be concluded that the Baud rate is very important to the telephone engineer, since this rate establishes the type of telecommunication channels to be used.

2.3 思维差异与科技翻译

2.3.1 思维差异在科技翻译中的体现

英汉科技文体的互译涉及英汉两种语言的转换，从本质上来说，就是两种思维方式的转换。东西方由于地理环境、文化传统等因素造成的思维差异必然体现在语言这层外壳上，使得汉英科技语言也有其各自的特点与差异。思维的差异对科技翻译的影响主要体现在以下几个方面：

1. 语态

中国人讲究"统一"，西方人注重"对立"。中国的传统哲学观强调"天人合一"，这种哲学观反映在语言上就是大量使用主动句。西方人注重"对立"的哲学观，要求语言主客观严格区分，主动与被动泾渭分明。科技英语侧重叙事推理，强调客观准确，故而大量使用被动语态，将主要信息前置，放在主语部分。而科技汉语则大量使用主动语态。所以，在翻译科技论文时，译者应注意思维方式的转换，将汉语主动句转为英语的被动句，以符合科技英语的特点。

例1 昨天在真空进行了这个反应。

　　译文 This reaction was carried out in a vacuum yesterday.

例2 大家知道，电子是极微小的负电荷。

　　译文 Electrons are known to be minute negative charges of electricity.

例3 原油一般发现于地下之深处，只通过对地表的研究是不能确定油的存在的。因此，必须进行地下岩石结构的地质勘测。如果认为某地区的岩石中有油，就架起钻井机。钻井机最醒目的部分是被称为起重机的高塔。钻孔后，放下管道，起重机就是用来起吊一节节管道的。钻井时，将钢管压进孔道，既能防止四壁向内塌陷，又能防止水灌进孔道。一旦发现了油，油管的顶端就牢牢地套上一个盖子，这样油便通过一系列的阀门源源不断地喷出来。

　　译文 As oil is usually found deep in the ground, its presence cannot be determined by a study of the surface. Consequently, a geological survey of the underground rock structure must be carried out. If it is thought that the rocks in a certain area contain oil, a drilling rig is assembled. The most obvious part of a drilling rig is a tall tower which is called a derrick. The derrick is used to lift sections of pipes, which are

> lowered into the hole made by the drill. As the hole is being drilled, a steel pipe is pushed down to prevent the sides from falling in and to stop water filling the hole. If oil is struck, a cover is firmly fixed to the top of the pipe and the oil is allowed to escape through a series of valves.

例 3 中，有 13 个谓语动词用的都是被动语态。在具体的操作中，译者可以将汉语中一些主语为人的句子、无主句、泛指句、无主动者的句子等译成英语的被动句。

例4 有一种高炉称为"转炉"，采用酸性转炉法。转炉的外壳由钢板制成。内部用耐火砖衬砌。把转炉向一侧倾转后，从炉顶把铁水倒入炉中。再把炉子转回直立位置，从炉子底部的孔中把空气吹入炉中。

> **译文1** The Bessemer Process uses a furnace called a "converter". The outsider of the converter is made of steel plates. The inside is lined with firebricks. The converter is tipped on to its side and the charge of molten iron is poured into the top. Then the converter is put upright again. A blast of air is blown through holes in the base of the converter.

译文 1 是一段描写高炉工作原理的科技英文。它恰当使用被动语态，可以突出重要信息的中心地位，也可以提高表达的效果和客观性。假设这一段是用主动语态来翻译，会多次出现行为实施人"我们"，使得中心信息难以突出，表达效果也很受影响。试看下面的译文：

> **译文2** We use a furnace called a "converter" in the Bessemer Process. We make the outsider of the converter with steel plates. We line the inside with bricks. We tip the converter on to its side and pour the charge of molten iron into the top. Then we put the converter upright again. We blow a blast of air through holes in the base of the converter.

再如，将英语的被动句转化为汉语的主动句。

例5 It has often been remarked that the saddest thing about youth is that it is wasted on the young.

译文 人们常常说，对于青春来说，最令人悲伤的事情莫过于青春在年轻时被浪费掉了。

例6 After the Engineer has issued a Taking-Over Certificate for a part of the Works, the Contractor shall be given the earliest opportunity to take such steps as may be necessary to carry out any outstanding Tests on Completion.

译文 工程师颁发了部分工程的接受证书后，应使承包商能尽早采取必要的措施，进行任何尚未完成的竣工检验。

被动语态的运用可使英文句子表达更客观、更具科学性，受事的前置也使得信息重心凸显。汉译后还原主语符合汉语的表达习惯。

2. 静态与动态

西方人注重抽象思维，表达具体事物时，喜欢用抽象概念，用抽象思维去看事物的本质，在语言上的表现就是喜欢用抽象名词和介词。而东方人注重直观把握，不太注重纯粹意义的抽象，喜欢用动词来表达具体的行为。科技英语的一个特征就是大量使用抽象名词和介词，名词化结构的使用使语言呈静态倾向，行文也更简洁、客观、准确。而汉语科技文体大量使用动词，语言的动态化倾向很明显。其原因不外乎是：英语动词受形态变化的制约和限制，一个句子通常只有一个谓语动词，需要借助其他词性，句子才能完整；而汉语动词没有形态变化的约束，动词可以充当句子的各种成分，动词优势显而易见。下面主要看两种变化：

1）汉语动词与英语名词化结构相互转化。

例1 激光是近年来最为轰动的科学成就之一，因为它可以应用于许多科学领域，也适用于各种实际用途。

译文 The laser is one of the most sensational developments in recent years, because of its applicability to many fields of science and its adaptability to practical uses.

例2 火箭已经用来探索宇宙。

译文 Rockets have found application for the exploration of the universe.

例3 嵌入一个楔子就可以纠正此误差。

译文 Rectification of this fault is achieved by insertion of a wedge.

例4 These depressing pumps ensure contamination-free transfer of abrasive and aggressive fluids such as acids, dyes and alcohol among others.

译文 在输送酸、染料、乙醇以及其他摩擦力大、腐蚀性强的流体时，这类压

缩泵能够保证输送无污染。（名词 transfer 转译为动词）

例5 Despite all the improvements, rubber still has a number of limitations.

译文　尽管改进了很多，但合成橡胶仍有一些缺陷。（名词 improvement 转译为动词）

抽象名词的使用使句子的语体更加正式，结构更加精练、严谨，名词化结构是除被动语态之外用以提高客观程度不可忽视的途径。与英语相比，汉语句子中动词用得比较多，几个动词或动词性结构一起连用的情况比较常见，而英语句子中往往只有一个谓语动词，故而要进行适当的词性转换。

2）汉语动词与英语介词词组相互转化。

例1 为使物体克服惯性而运动，就需要一个力。

译文　A force is needed to move an object against inertia.

例2 采用参量放大器，即可将噪声系数降低至最低限度。

译文　Noise figure is minimized by a parametric amplifier.

例3 在发芽前给种子浇水。

译文　Before germination, the seed is watered.

例4 The shadow cast by an object is long or short according as the sun is high up in the heaven or near the horizon.

译文　物体投影的长短取决于太阳是高挂天空还是靠近地平线。（介词 near 转译为动词"靠近"）

例5 Even the protective environment is no insurance against death from lack of oxygen.

译文　即使有防护设施，也不能保证不发生因缺氧而死亡的情况。

英语中的很多介词在古英语中曾是动词，在翻译时，译者也常常将介词转译成汉语中的动词。从上述例子中可以看出，英语中的名词、形容词、副词、动名词和介词在翻译时均可被转换为汉语中的动词。

3. 形合与意合

东方人认识事物时习惯从整体上去融会贯通，这种整体性思维在语言上的体现便是意合（parataxis）。而西方人的分析思维注重各个部分，具体问题具体分析，这种注重个体的思维方式在语言上的体现就是形合（hypotaxis），强调形式和结构的完整和严谨，在科技英语中的表现就是句子结构冗长，大量使用各种从句、介词和非谓语形式，利用关系词等来实现显性连接，句子的空间搭构能力很强，成树形结构。科技汉语则较多使用意合句,很少有长句,注重隐性连接,简洁明快。

例1 气垫船能直接从地面升起,起飞和着陆都不需要港口和机场。

译文 The fact that the hovercraft can rise up directly from the ground means that neither harbor nor airport is required for its take-off or landing.

该译文运用了两个从句:一个同位语从句,另一个宾语从句,打破了时间顺序,以求空间结构的完整。

例2 红景天是一种珍稀的野生药用植物,有强身健体、益气补血的功效,具有良好的开发前景。

译文 Rhodiola rosea is a rare wild medicinal plant which can build up a strong body and benefit qi for activating blood circulation. Thus, it has a good prospect for exploitation.

该译文增加了显性的连接手段,通过连接词来表现逻辑意义。

例3 煤里面有许多宝贵的物质,现在都化为烟从烟囱排出,回收这些物质的方法之一是把煤变成煤气和焦炭。

译文 One way to make possible the reclamation of the valuable substances from coal which now go up the chimney as smoke is to turn coal into gas and coke.

该译文中,主语部分利用动词不定式和定语从句来修饰,达到显性连接,句子空间搭构能力很强,符合英语的特点。

例4 If a rise of blood pressure occurs with some other disease, it is called secondary hypertension. (形合)

译文 某种其他疾病伴发的高血压,称为继发性高血压。(意合)

例5 The research work is being done by a small group of dedicated and imaginative scientists who specialize in extracting from various sea animals substances that may improve the health of the human race. (形合)

译文 一群人数不多、专心致志、富有想象力的科学家,正在研究这项工作,专门研究从各种海洋动物中提取能增进人类健康的物质。(意合)

从上述例句中可以看出，在构思和语言组织方式上，汉语篇章重意合，而英语篇章重形合。汉语篇章靠语义的关联思维进行连贯，以语义为中心，表达一个完整的意思，更强调"形散而神不散"。而英语篇章则"以形连表意连"，句与句之间通过一系列的衔接手段达到形式上的严密、紧凑。

2.3.2 思维差异对译者提出的要求

东方式思维与西方式思维差异明显，反映在语言上的差别也就更大。汉英科技文体的差异也可见一斑。科技汉语大量使用主动句、意合句及动词，而科技英语则大量使用被动句、形合句及名词化结构。在具体的翻译中，这一差异就对译者提出了较高的要求。

1. 对原文的正确理解

翻译不仅是语言的转换，也是思维的转换。汉英语思维差异明显，科技文体作为一种特殊文体，不仅要求译者具有丰富的专业知识和语言水平，还要熟悉汉英不同文体的语言特征和思维方式的差异，这其中首先要做到的就是对原文的正确理解。在科技文体的汉译英中，译者须熟练自如地运用汉语。汉语水平是决定翻译质量的一大因素，译者须下功夫提高自己的汉语理解能力，达到对原文的正确理解。

2. 对目的语的把握

译者须具有扎实的英语基础和较高的英语阅读理解能力。准确、地道地运用英语是保持译文质量的一个基本条件，译者要不断提高自己的英语水平，深入了解英语语言与文化，让译文准确、到位。

3. 对读者的考虑

读者是译文的受众，他们接不接受、适不适应，也是译者在两种思维活动中须关注的方面。汉译英中，译者须考虑英语受众群体的意见，是采用归化还是异化，是直译还是意译，这都是需要搞清楚的。在科技翻译中，译者最好按照目的语的表达习惯来选取适当的方法。

总而言之，人类的思维方式因人而异，持不同语言的东西方思维虽有相同之处，却仍旧差异明显。相同的部分使得翻译成为可能，不同的部分给翻译工作提出了要求，带来了挑战。科技文体的翻译更是如此。把握两种思维的差异，注重语言和思维的转换，在具体的翻译中注重技巧的选择，译者就会在两种思维中自由出入，在两种语言中无障碍沟通，使科技交流更加密切、更加成功。

练习

一、将下列句子翻译成英文，注意使用适当的方法。

1. 如果一台发电机发生故障，另一台便代替它发电。
2. 太阳光是由许多不同颜色的光混合而成的。
3. 要想有效控制汽车排放，减少汽车尾气对大气环境的污染，就必须精确控制混合气空燃比。
4. 由于实行了计算机化管理，药品划价快而准，医院的整体效率大为提高。
5. 工厂里还有设计和工程部门，这些部门负责制订下一年的汽车生产计划，并研究机械的改进方法。
6. 所有这些维持生命的物质均起源于干细胞，干细胞是一种散布在骨髓中的血质胚芽，只要接到指令，便能发育成这三种不同类型的血细胞中的一种。
7. 通过安装在转子或定子上的电磁铁或永磁铁，可以形成直流发电机或交流发电机所需的磁场。
8. 黑洞无法直接观察到。它们的引力非常大，任何东西，即使是光，都逃不脱它们的魔掌。
9. 本产品出厂前经检查完全符合标准。
10. 必须采用高辛烷燃料，否则容易发生爆燃。

二、将下列句子译成汉语，注意使用适当的方法。

1. Einstein's relativity theory is the only one which can explain such phenomena.
2. All four (outer planets) probably have cores of metals, silicates, and water.
3. The designer must have access to stock lists of the materials he employs.
4. Part adjustment and repair must be performed on a regular basis if an acceptable printed product is to be the end product.

第3章
科技翻译技巧

翻译技巧是指翻译工作者以翻译理论为指导，以源语与译语这两种语言的差异为根据，在长期的翻译实践中总结出来的一整套行之有效、将原文中某些表述与结构进行调整与更改的具体做法。由于研究的角度不同，总结出的翻译技巧种类也不尽相同。本章拟从词语、句法结构和篇章三个层面探讨科技文汉英翻译技巧。

3.1 词语翻译技巧

　　词是语言的基本单位，对词语的正确理解与表达是汉英语际转换过程中的基础环节。在科技文汉英翻译中，译者不能总是望文生义、按词的表面意思逐词翻译，而要注意汉英词语的特点。汉语在语言学上被称为典型的分析语，汉语中没有词形变化和性、数、格等语法范畴，词与词之间的语法关系一般是依赖词序和虚词等手段来表示的，如用"诸""们""种种"表示复数、用"着""了""过""将"表示动词的时态。汉语的这种特点要求句子中词与词之间的逻辑关系十分严密。理解汉语句子的意义时，译者既要看词序，又要看词与词之间的逻辑关系。而英语属于综合-分析语，是从综合型向分析型发展的语言，主要是借助词本身的形态变化来表达语法意义的。另外，汉语的词汇有同音和同形而异调、异义的现象，也有一词多义的现象，在汉译英的过程中，译者要能对词语的意思作出准确的判断和解读。再者，由于科技文体本身具有清晰、准确、精练、严密的特点，科技英语文章一般会大量使用名词化结构、被动语句、非限定动词、后置定语等，翻译时，译者要充分考虑科技英语文章的这些典型特征。

　　基于汉英两种语言在表达上的差异以及科技英语本身具有的特点，虽然许多汉语词语可以被直接翻译成对应的英语词语，可是在更多情况下，科技文汉英翻译中的词语并不总是一一对应的，需要作出适当的调整。具体来讲，在翻译词语时，译者应充分结合汉英两种语言的差异以及科技文章的特征，注意词义的选择和表达、词义的引申、词类转换、词的省略、词的增补以及术语翻译等几个方面。

3.1.1 词义的选择和表达

3.1.1.1 词义的选择

　　汉英两种语言都存在大量的一词多义现象。由于它们的用法习惯不同，在某种场合可以被译为另一种语言的某个词，在其他场合却不能这么译，因此在翻译时，译者要特别注意词义的选择，从众多词义中选出一个最确切的词义是正确理解原文意思的基本环节，是翻译成功的基础。科技文章具有较强的科学性和逻辑性，一篇文章、一段文字都是一个有机的整体，表达完整的意思。其中的词与词、词与句、词与段，乃至词与全文都是有机地联系在一起的，而不是机械地堆砌在一起。因此，译者在理解和选择词义时，必须具有强烈的上下文意识，把自己置于具体的语言环境中，顺着作者的思维去寻根究源，而不能割断词与词、词与句之间的内在联系，孤立地看待某个词。另外，同一个词在日常使用和特定的学科领域或专业使用中往往具有不同的词义，在选择词义时，译者应尽可能从专业领域的角度去理解相关词语，避免因专业隔阂造成词义选择错误。

1. 准确选词

译者要真正弄懂原文汉语词语的意思和所选用英语词汇的准确含义，不能逐字死译。

例1 这个礼堂坐得下 1 500 人吗？

译文 Can this auditorium hold 1,500 people?

例 1 中的"坐"实际上是"容纳"的意思，而不是一般意义上的"坐"，所以英文应该译成 hold，而不能望文生义，译成 sit。

此外，汉语的"改造"在不同短语中有着不同的意思。例如，"改造旧城区"中的"改造"是指在原来老城区的地方重新规划、建造房屋、商店、住宅区等；"改造企业"中的"改造"主要侧重指在企业里引进新机制、新技术、改进设备等与工程业务有关的活动。

英语中，与"改造"意思接近的词有 change、transform、improve，以及一些由前缀 re- 构成的动词。change 是一个意思很泛的普通用词，指"改变、变化、转变"，可以指各方面的改变；transform 的词根是 form，指改变事物的性质、外观或指使某事物转变成另一事物；improve 意为"改进、提高"。前缀 re- 含有"再"的意思。实际上，英语中许多单词都有明显的"字缀 + 词根"特征，掌握一定量的词缀、词根，可以有效提高单词学习效率。

根据汉语"改造"一词不同的词义以及英语中与之相近的词的差异，译者可将"改造旧城区"译为 redevelop the old urban district，将"改造企业"译为 reengineer the corporation。

科技翻译中，译者会时常遇到专业术语，切不可望文生义，而应该查询有关专业知识，然后找出英语中相对应的专业词汇。切忌选用意义模棱两可甚至大相径庭的普通词汇作为译文。

例2 软组织

　　译文 fleshy part

例3 （动脉）硬化

　　译文 (arteries become) hard and stiff

"软组织"和"（动脉）硬化"都是医学领域的专业术语，因此"软组织"的"软"应被译成 fleshy，而不是 soft；"（动脉）硬化"中的"硬化"应被译为 hard and stiff，而不是 strong 或 tough。

例4 当光线照射在光亮表面时，就会以某种角度从入射点反射出来。

　　译文 When light strikes a shiny surface, its direction must take a certain angle to the surface at the point where it strikes.

从物理学角度来看，译者不能使用普通词汇 shine 或 light 来翻译例 4 中的"照射"，只能选择专业词汇 strike 来表达这个概念。

有时候，有些汉语的词义如果仅仅只从词本身的意义上理解还不够，译者必须结合上下文的语境才能透彻理解，然后确定与其对应的英语词汇。

例5 世界上第一台电话机诞生于 19 世纪 70 年代。

　　译文 The first telephone in the world was invented in the 1870s.

例 5 中使用"诞生"一词，是为了体现句子表述的生动性，在英语里对应着 be born，但在本例中其意义应是"产生、出现、发明"等，因此准确的英文译文应该是 be made 或 be invented。

例6 因缺血、缺氧，较深伤口会成为某些种类细菌滋生的理想场所。

　　译文 A deep wound, where the supply of blood and oxygen has been cut off, is the perfect place for certain kinds of bacteria to grow.

例 6 中的"滋生"一词在汉英词典上会对应 multiply、breed，但结合上下文，译者将其翻译为动词 grow 更合适。如果译者采用 multiply 或 breed，反而会使句子显得过于强调"繁殖、养育"。

英语中，许多单词是一词多义，在翻译时，译者要仔细考虑汉语中对应词汇的可能性，如 cut 的含义有"剪、截、减、切"等。在具体的语境中，其含义才相对明确，如下面例子所示：

例7 Generally higher cutting speeds are used for metals that shear easily such as cast iron and non-ferrous metals.
译文 通常，对于容易剪断的金属材料，如铸铁、有色金属，切割速度就高。

例8 Prices vary from salon to salon, starting at $30 for a cut and blow-dry.
译文 各家美发店价格不一，一次吹剪起价 $30。

2. 辨析词义

汉语词义理解准确后，在确定译文时，译者可能会发现几个意思相同或相近的英语词汇。那么，到底应该选择哪一个呢？这就需要译者对词语的意思进行仔细辨析。在科技文汉英翻译中，辨析词义时，译者要注意以下几个方面：

1）译者需注意汉英词汇在广义和狭义、抽象意义和具体意义方面的差异。在原文理解和译文选词时，译者要注意区分其中的差异。

例1 改革农业内部结构
译文 renovate agricultural infrastructures
例2 推广农业知识
译文 spread farm production knowledge

汉语"农业"一词有广义和狭义之分。广义的"农业"指种植业、林业、畜牧业、副业、渔业的总和，称为大农业；狭义的"农业"仅指种植业。因此，在不同的使用场合，"农业"一词所对应的英语译文也不相同（如上例所示）。

例3 经济改革和对外开放
译文 economic reform and opening to the outside world
例4 继续深化改革
译文 continue deepening the reforms
例5 教学法改革
译文 a reform in teaching methods
例6 机构改革
译文 institutional restructuring

汉语词语"改革",既可指一般所说的"改革",也可指某一领域、某一行业的"改革";英语单词 reform 既可指一般意义的"改革、改良",也可指某一方面的"改革",但不是所有带"改革"的词语都可被译成 reform,要视具体情况而定。

2)译者需注意区分英语同义词、近义词的差异。在英语同义词或近义词之间作选择时,译者要注意它们在褒贬抑扬、程度轻重、范围大小以及使用对象和场合等方面的不同,这一点在科技汉英翻译中尤为重要。

例1 音响设计
　　译文 acoustic design

例2 讯号音
　　译文 sound of signals

例3 噪声污染
　　译文 noise pollution

表示"声音"的英语词汇有 acoustics、sound、noise,但它们在词义的褒贬上有明显的差异:acoustics 指"需要的、有益的音响";sound 是个中性词,泛指任何声音,不论其高低、是否悦耳等;而 noise 是贬义词,意为"噪声、喧闹",常指不悦耳、不和谐的声音或嘈杂声。

例4 他们高兴地发现,金刚石刀具适用于精品加工。
　　译文 They were glad to find that the diamond tool is suitable for finishing.

"发现"可被译为 discover 或 find,但前者指前所未有的发现,即发现某种本来存在而以前未被发现的事物或未为人所知的东西;后者是指偶然获知,或经过研究后查明找出。

例5 有些物质能阻碍电流通过。
　　译文 Some substances can resist the flow of currents.

在科技文章中,表示"忍耐""抵抗""阻碍"等意义时,可以用 resist 或 withstand,但前者表示主动对抗,后者则强调被动承受。

英语中,同一个单词在不同的语境中表达不同的词义。因此,译者需要慎重选择词义。例如,solid 在下面的词语中均有出现,但词义差别明显:solid angle

（立体角）、solid gold（赤金）、solid measure（体积）、solid pole（磁极）、solid circuit（固态电路）、solid color（单色）。

关于上述短语，译者可以根据具体的专业信息获得 solid 的恰当词义。下面例句中的 round 则需要译者根据句子语境确定词义。

例6 The spindle rotates simultaneously round two axes at right angles to each other.

译文 锭子同时围绕两个成直角的轴旋转。

例7 In each round of operation the particle picks up energy from the oscillating electric field.

译文 粒子每运动一周就会从震荡中的电场中获得能量。

例8 The earth isn't completely round; it is slightly flattened at the poles.

译文 地球并非正圆的，它的两极略微扁平。

3.1.1.2 词义的表达

词义选择确定后，译者还要注意词的正确表达。在翻译过程中，对于和汉语词汇意思上能对应的英语词汇，译者要注意它们在句子中的搭配习惯。汉英两种语言的发展历史不同，遣词造句的方式和习惯也不同，因此它们各有一套自身的搭配规律。一个词的词义在不同的搭配中很可能是不同的，而且汉语中约定俗成的搭配关系在英语里不一定能够成立。因此，表达词义时，译者还必须根据英语的搭配习惯来处理汉语中的某些搭配，切忌把汉语的搭配方式生搬硬套到英语中。

1. 词的搭配

不同的词在句中作不同的成分，因此译者要注意词与词之间的搭配，也就是要注意句中不同成分之间的正确搭配。在科技文汉英翻译中，译者尤其要注意主谓搭配、动宾搭配以及定语与中心词之间的搭配。

1）主语与谓语动词的搭配。汉英句式的一个显著差异是汉语习惯用人或有生命的物体作主语，而英语则更常用无生命的名词作主语，这种句式往往带有拟人化修辞色彩，同时兼顾表达的客观性。因此，科技文汉译英时，有些句子的主语在译文中必须进行变换才符合英语的表达习惯。变换主语的方法之一就是将原文中的动词转换成译文中的名词或动名词，以使结构紧凑、言简意赅，充分体现英语句式重物称的特点。

例1 我们通常可以用热电偶来调节温度。

译文 Regulation of the temperature can normally be effected by the use of a thermocouple.

例2 人们越来越认识到这些技术在其他一些领域中也是很有价值的。

译文 There is a growing awareness that these techniques are also of value in some other areas.

例3 经过调查，我们得出上述结论。

译文 Investigation led us to the foregoing conclusion.

就谓语动词而言，有些动词在汉语中只用于人或有生命物体，而在英语中既可以用于人，也可以用于无生命物体，如 see、witness、feed、escape 等。

例4 近年来，无线通信服务有了非常迅速的发展。

译文 Recent years have witnessed a very rapid growth of wireless communication services.

例5 2004年，信息产业取得了很大的发展。

译文 The year 2004 saw great development of information technology.

例6 我们用抽水机给锅炉加水。

译文 We use pumps to feed fresh water into the boiler.

例4和例5中的译文是较为常见的以时间作主语的英语句子。这种句子表述客观性较强，突出在特定时间发生的事件，英语中这样用的谓语动词一般有 see、witness、find、discover、uncover 等。当然，还有另外一些动词，它们在汉语中既可以用于人，也可以用于物，但其对应的英语词汇用物作主语时，必须用被动语态，如 think、express、write 等，或者被换成意思对等的其他词汇。

例7 报告认为，通过不断增加对知之甚少现象的了解，最终会找到解释。

译文 The report suggests that an explanation will finally be found through increased knowledge of little-understood phenomena.

汉译英时，译者可以通过改变谓语动词、主语或用被动语态等方法，使主语和谓语动词的搭配地道、自然，符合英语的使用习惯。

例8 使用质量标准和概念转换对审阅书写良好的代码非常有效。
   译文 The use of quality standards and concept translation is highly effective for reviewing the code, which is well-written.

例9 这种物质的化学结构比那种物质复杂。
   译文 This substance has a more complicated chemical structure than that one.

2）动词与宾语的搭配。动词与宾语搭配时，译者要注意选择恰当的动词，使译文符合汉英的表达习惯，切不可照着字面逐字死译。

例1 获得权利
   译文 attain power

例2 获得技能
   译文 acquire skills

例3 获得成功
   译文 achieve success

上面三个短语中，译者根据"获得"后面各自搭配的宾语分别选择了三个不同的英语单词。

例4 第四项提出了鉴定该设备的途径。
   译文 The fourth item addresses an approach to validating the facility.

虽然 validate 的释义是"批准、确认、证实"，在字面上看不出"鉴定"之意，但在此处用来表达"鉴定"之意却是很贴切的。

例5 我们将采用国际贸易中的国际惯例。
   译文 We shall follow common international trade practices.

例6 技术管理可促进产品质量的提高，增加花色品种，从而增加生产。
   译文 Technological management can promote the quality and novelty of products, thus increasing production.

一般来说，英语中的动宾关系不如汉语中的严格，如例6中的"促进产品质量的提高，增加花色品种"，两个宾语前面分别使用了不同的动词，而译者只需译出一个动词即可：promote the quality and novelty of products。

> **例7** 我们大家对于技术预测中的问题都很熟悉，而且非常清楚，不论我们做出怎样的努力，仍会犯错误，仍会有考虑不周的地方。
>
> **译文** All of us are familiar with the problems of technical prediction and know fully well that, despite our best efforts, mistakes and omissions will occur.

例7采用了转换译法，将动宾结构转换成主谓结构，巧妙地将"仍会犯错误，仍会有考虑不周的地方"译成 mistakes and omissions will occur。

另外，译者还要注意动词后宾语的形式。特定的动词要求带特定的宾语形式。若是及物动词，译者应注意其后是接名词、动名词、不定式还是从句作宾语。

> **例8** 这些控制技术需要进一步提高。
> **译文1** These control techniques need further improving.
> **译文2** These control techniques need to be further improved.
>
> **例9** 我们注意到，除非人类对于他所生活的世界上的各种材料有更好的了解，否则，无论他对通信联络的需要，还是对开发能源的需要，都是不能得到满足的。
>
> **译文** We note that neither man's need to communicate nor his need to exploit energy can be satisfied unless he understands better the materials of the world in which he lives.

若是不及物动词，其后则不能直接带宾语；如若后接介词带宾语，还要确保动词后使用的介词符合英语的表达习惯。

> **例10** 有许多种电流－电压特性是与各种实用部件有关的。
>
> **译文** There exist a rich variety of current-voltage characteristics associated with various practical components.
>
> **例11** 实际情况是，所有这些窗户均承受不了这么大的力。
>
> **译文** The fact remains that all these windows cannot withstand so large a force.

例10和例11中的 exist 和 remain 都是不及物动词，其后的成分都是句子的主语而非宾语。

例12 在天气很热时，风会在汗水尚未蒸发时就将其吹干，从而让我们无法借助汗水蒸发来降温。

译文 When it's that hot out, wind actually draws sweat away from our bodies before it can evaporate to help cool us down.

例13 理论应当与实践相一致。

译文 Theory should consist with practice.

例14 将物体的温度和热量区分开来是必要的。

译文 It is necessary to distinguish between the temperature of a body and its heat.

例15 熔化盐包括理想离子流体、分子熔化物与液体。

译文 Molten salts range from ideally ionic fluids to molecular melts and liquid.

例16 两个状态的压力、体积和温度相差一定的量。

译文 States 1 and 2 differ in pressure, volume, and temperature by a definite amount.

例17 The results by this work team showed that carbon dioxide traps heat more than other gases.

译文 该研究团队得出结论，二氧化碳捕获的热量比其他气体多。

例18 With modern monitoring systems, it is possible that manufacturers reproduce the same part quality on another molding machine.

译文 借助现代化监控系统，生产厂商就可能在另外一台注模机上生产同质量零件。

例17中的"得出结论"与原文 The results by this work team showed 在结构上不一致，前者是汉语的动宾结构，而后者则是英语的主谓结构；例18中，原文的介词短语在汉语中被翻译成动宾结构"借助现代化监控系统"，这是因为英语中常以事物作主语，译成汉语时，译者要遵循汉语的表达习惯。

3）定语与中心词的搭配。定语与中心词的搭配要恰当，符合汉英的表达习惯。

例1 临界压力系指液化气体所需的压力。

译文 The critical pressure is the pressure at which a gas can be liquefied.

例2 这只小灯泡的电阻比那只大灯泡的大。

译文 This small lamp has higher resistance than that large one.

例3 X射线的频率比无线电波的频率高得多。

译文 The frequencies of X-rays are very much greater than those of radio waves.

例4 用这种方法引发聚变，需要极高的温度和巨大的压力。

译文 Enormous temperature and pressure are needed to produce fusion in this matter.

例5 私人企业甚至政府部门往往热衷于眼前利益，而对长远的研究项目则不大感兴趣。

译文 Private industries and even government departments tend to concentrate on immediate results and show comparatively little interest in long-range research projects.

例6 诚然，观察很可能是由于某一偶然现象而引起的，但是观察本身不是偶然的，它是深思熟虑的结果。

译文 To be sure, an observation may come as the result of a chance happening. But the observation itself is not an accident; it is the product of a prepared mind.

相较于汉语，英语中的定语位置较为灵活，既可以前置，又可以后置。

例7 Advantages include lower operating temperature, reduced power usage, clean compact design and an exclusive shaft seal design.

译文 优点包括运行温度低、能耗小、设计紧凑、密封轴设计独到。

例7中的形容词结构被翻译成汉语的主谓结构，可读性较高。在英译汉时，译者应尽量少用"的"字，以保证句子简洁流畅。

2. 习惯表达法

所谓习惯表达法，就是指在不失原意的情况下，尽可能使用自然地道的语言。英语译文除了必须用词恰当、语法正确外，还必须符合英语的习惯用法，符合科技英语的体裁特征。如果这一点被忽略，译文质量必然会大大降低，甚至呈现出较浓的"中国式"英语的味道。在英语里，有些结构虽然完全符合语法，但英语母语者平常却并不这样使用。采用习惯表达法，交流效果会更佳。

例1 你们的工厂给了我深刻的印象，我认为它是现代管理和现代生产技术相结合的一个好例子。

译文1 Your factory has given me a deep impression. I think that it is a good example of the combination of modern management with modern production techniques.

译文2 I am much impressed by your factory. I think it is a good example of modern management combined with up-to-date production techniques.

译文3 Much impressed by your factory, I think it is a good example of modern management combined with up-to-date production techniques.

译文 3 采用主从句子结构，层次清楚，表现力较强。

例2 经过反复试验和不断修正，我们最终找到解决问题的方法。

译文1 Through repeated experiments and continuous modifications, we finally found the method to solve the problem.

译文2 We finally found the solution to the problem by trial and error.

译文3 Trial and error encourage us to have finally found the solution to the problem.

英语中表示"反复试验和不断修正"有固定的短语——by trial and error，因此这里可以直接拿来使用，而表达"解决问题的方法"一般常用 solution to the problem。译文 3 的客观性相对较强。

例3 那台设备是该公司为我们工厂定制的。

译文 The equipment is custom-made for our plant by this company.

custom-made 是"定制"的习惯表达，翻译时，译者应首选这一地道用法，而不宜将其逐字死译成 specially made。

例4 对于严肃认真的翻译工作者来说，专业术语的重要性是再怎么强调也不算过分的。

译文 For the conscientious translator, the importance of terminology cannot be emphasized too much.

例5 晶体管和电子管相比有不少优点。

译文 Transistors have a number of advantages over electron tubes.

advantage 后面要用介词 over 来表示"与……相比"之意。

练习 1

将下列句子翻译成英文，注意词义的选择和表达。

1. 全国乘用车联合会表示，包括电动汽车和插电式混合动力车在内的新能源汽车正在崛起，成为中国汽车出口增长的新动力。
2. 如果一根铁丝反复弯曲折断，对铁丝做功的一部分机械能转换为内能，所以铁丝就会发热。
3. 三的四次方是八十一。
4. 与其没完没了地讨论这些细节，不如重点讨论几个问题较多的控件。
5. 科学家预测，未来数周，海洋高温天数会增多并可能打破纪录，这可能会给世界各地沿海地区带来灾难。
6. 根据加工目的和切削条件，机加工通常分为粗加工和精加工两大类。
7. 这个研究院负责开发卫星技术并开展航天研究。
8. 多亏了机械化，这个地区收割庄稼的速度提高了九倍。
9. 日益完善的、由计算机控制的机器人正在进入工业领域，用来降低生产成本，缩短生产时间，并且减少对劳动力的需求。
10. 爱因斯坦宣称物质和能量可以互相转化，因此没有"绝对的"时间和空间。

3.1.2 词义的引申

翻译过程中，两种语言在语法结构上没必要一一对应，但词义的对应会直接影响着句意的对应。词语翻译时，译者需要注意原文和译文中的词义应尽可能等值。

科技文献翻译时，有些汉语未必在英语中有完全对应的词义表达。此时，译者就需要灵活变通，引申衍化出能表达该词内在含义的新词义。这类词语汉译英时，既要"忠实""通顺"表达原义，又要达到"传神""入化"的境界；既要注意行文规范和表达习惯，还要注意使用语境、专业知识、逻辑关系、文体色彩等细微之处。

具体来说，词义引申就是指根据上下文的内在联系，从词语的基本意思出发，通过句中词、短语乃至整句的字面意义，由表及里，进行恰如其分的引申，运用一些符合目的语行文习惯的表达法，选择确切的目的语词语，将原文的意义准确地表达出来。引申的方法主要包括四种：技术性引申、修辞性引申、具体化引申和抽象化引申。

3.1.2.1 技术性引申

英语普通词汇的出现先于专业词汇，多数专业词汇的含义是从普通词汇中的基本词义引申而来的。技术性引申的目的主要是使译文中涉及科学技术概念的词语符合技术语言的规范和习惯。

例1 分动卡盘有四个爪（卡钳），而万能卡盘只有三个。

译文 The independent chuck has four jaws, while the universal chuck has only three.

jaw 在英语中的一般意义是"颌"，这里，译者将其翻译为汉语中的"爪"或者"卡钳"，使其具有了机械专业的表达意义。

例2 无论这两个双路开关合在哪一边，两根导线中总有一根是带电的，一根是不带电的。

译文 Whichever way the two-way switches are left, one of the wires is alive and the other is dead.

这里的 alive、dead 两个单词在电路专业知识里表示"带电""不带电"，是其常用意义向专业词汇意义的引申。

例3 理想电压源和电流源为有源元件，而电阻和电导为无源元件。

译文 Ideal voltage and current sources are active circuit elements, while resistances and conductors are passive elements.

例4 A deep wound where the supply of blood and oxygen has been cut off is the perfect place for certain kinds of bacteria to grow.

译文1 较深的伤口处，因血氧不足，成为某些细菌滋生的理想场所。

译文2 较深的伤口处会成为某些细菌滋生的理想场所，那里的血氧供应被切断了。

例5 The entire circuit should be checked against the schematic diagram.

译文1 对照原理图，检查全部电路。

译文2 应该根据示意图去检查全部电路。

这里的 cut off、grow、against 若分别被译为"切断""生长""反对"，译文的可读性会明显削弱。例4和例5中的译文2显得较为生硬，与科技文章语言的简洁、客观、严谨、通顺相差较远。译者对 cut off、grow、against 进行了词义引申，将其分别改译为"不足""滋生""对照"，使译文表达较为专业，又与原文意思保持一致。

3.1.2.2 修辞性引申

《古传》云："言之无文，行之不远。"科技文献汉译英时同样如此。翻译要真实再现原文内容、意义，有时还要讲究修辞，通过修饰、调整语句，运用特定的表达形式以提高语言表现力，使译文接近"雅"的标准。

例1 生物中含有称为生命"基石"的氨基酸。

译文 Living things contain amino acids known as the building block of life.

该例句中，"基石"是比喻用法，非常形象、生动。如果译者将其译为 base 或 basic element，就不能把这种用法的意义表达出来；若是通过修辞性引申将其译成 building block，就能将原词汇的象征意义或原概念的实质意义充分地表达出来。

例2 计算机大小不一，能力各异。

译文 Computers come in a wide variety of sizes and capabilities.

例3 抗毒蛇血清无济于事，但输血有用。这个疗法很有效。

译文 The antivenin will not help; but a blood transfusion will. The treatment works.

例4 事实上，一个模子生产成千上万件产品之后才会磨损。

译文 In fact, one mould can produce many thousands of articles before it wears out.

例4中，译者将"之后才"翻译成before，更符合英语的逻辑顺序和表达习惯。

例5 迄今为止，科学和医学对此提出的最佳解决方法是安眠药片，但这也是既有利，又有弊。

译文 The best solution that science and medicine have come up with so far is the sleeping pill, which is another mixed blessing.

3.1.2.3 具体化引申

具体化引申是指把原文中含义比较概括、抽象、笼统的词引申为意思较为具体或形象的词，避免造成译文概念不清或不符合英语的表达习惯。

例1 如果不解决这些人的生活问题，社会就不会安定。

译文 There will be no social stability unless their daily needs are met/satisfied.

若把"生活问题"译成problems of livelihood就过于抽象，译成living conditions又可能被误解为"生活条件"。例1中，"解决……生活问题"实际上指的是满足生活基本需求，包括衣、食、住、行等各方面具体的需要，英语中的daily needs 和这个意义正好相呼应。

例2 目前，煤是蒸汽动力厂最常用的能源。

译文 At present coal is the most common food of a steam plant.

例3 这些事实已经清清楚楚地记录下来了。

译文 The facts have been set down in black and white.

例4 量子化学仍处于发展初期。

译文 Quantum chemistry is still in its infancy.

例5 They found four genetic instructions that influenced left-handedness seem to work by altering how the brain develops.

译文 他们发现了四种影响左撇子的基因指令，这些指令好像通过大脑发育来起作用。

译者将 develop 翻译成"发育",而不是"发展",使得译文更加贴切。

3.1.2.4 抽象化引申

有些汉语词语比较具体、形象,但如果上下文并不十分强调它们的具体名称或具体说明,译者则可基于其基本要义,用英语中比较概括或抽象的词汇译出,以符合英语的表达习惯,达到更好的交际效果。例如,汉语中的"情人眼里出西施"在英语中则为 Beauty lies in lovers' eyes。西施本是指中国古代越国的一名绝色美人,这里代指美女。如果译者将其直译为 Xishi,英美人士可能会不知所云,把它概括为 beauty 就容易理解了。同样,"外语现在很吃香"这句话中的"吃香"在汉语里是一种形象说法,实际上指"很时髦、很流行"。如果译者将其直译成 eat with relish,就难以表达原文意义,甚至会引起错误解读,而且也不符合英语表达习惯,可将其抽象表达为 Foreign languages become very popular now。

汉语中有许多具体表达,以凸显某一特定行为方式、性质、特征或状态;而英语中常用抽象词汇来表达具体事物或现象,科技英语尤其如此,如它有很多以 -tion、-ation、-ment、-ism、-sion、-ing 等后缀结尾的抽象名词。

例1 浮力作用既适用于木头,也适用于钢铁。
译文 Flotation applies to iron and steel as well as to wood.

flotation 是典型的以 -ation 结尾的抽象名词,译文中主语与宾语的关系更符合逻辑,表达更确切,更符合原文的本义。

例2 公众舆论越来越强烈地要求为消除噪声采取某些措施。
译文 Public opinion is demanding more and more urgently that something be done about noise.

something 的基本词义是"某事、某物",意义较模糊、抽象,但在例 2 的译文中蕴含原文"某些措施"的意思,表达自然、流畅。

例3 The scientists noticed how spiders catch their prey in the rain by secreting a sticky material containing a carbohydrate known as polysaccharides.
译文 科学家关注到,蜘蛛分泌一种含有多糖碳水化合物的黏性物质来捕捉雨中猎物。

译者没有将 how 直接翻译出来,而是将其包含在"捕捉雨中猎物"中。

练习 2

将下列句子翻译成英文，注意词义的引申。

1. 生产的主要问题是控制污染和杂质。
2. 把金子从矿石中提炼出来并不容易。
3. MATLAB 仿真结果反映出不同人群安全风险指标对疏散效率影响程度各异。
4. 正如固体和液体密度不同一样，不同气体和蒸汽的密度也不同。
5. 为了生存，为了自身及后代的衣、食、住，人类必须学会使用从自然界获得的东西，这也就是说，必须研究和了解自然界。
6. 花椰菜的热量低，同时富含维生素 C、叶酸和纤维等重要营养元素。
7. 随着铀核和钚核的裂变，会有极其巨大的能量释放出来。
8. 有了变压器，我们就可以把低电压变为高电压，也可把高电压变为低电压。
9. 瞳孔可以随着光线强弱的变化放大或缩小。
10. 建立准确的等效电路模型是 BMS 中电池状态估计的首要步骤。

3.1.3 词类转换

汉英两种语言在词性方面虽然有许多相似之处，但由于汉语属于汉藏语系，英语属于印欧语系，它们在语法、遣词造句及表达思想的方式等方面存在着诸多差异。例如，汉语因属于笔画文字，本身不具备变化形式，动词使用频率比较突出，而英语则是字母文字，具有屈折变化形式，动词可显出动名词形式。现代英语句式中动词名词化相对明显。另外，英语中有分词、冠词、动词不定式、动名词等，而汉语中没有这类词。因此，在科技文汉译英中，译者不宜拘泥于原文的词类，而应根据英语的行文习惯进行适当的词类转换，使译文通顺达意、自然流畅。

词类转换是根据翻译的需要将汉语句子中某一词性的词译为英语语句中另一词性的方法，在以下情况中可以考虑词类转换：

1）当汉语某一词性的词相当于英语另一词性时。
2）当某词按同一词性翻译不能确切表达该词的意义时。
3）当某词按同一词性翻译而导致英语句子不通顺时。

> **例** 如果水银泄漏，就会损伤外观，影响读出，因此应注意进行定期检修。
> **译文** In case of leakage of mercury, a defective appearance and inaccurate read-out will be created, so the regular checks and maintenance are imperative.

在该例句中，原文的动词"泄漏""检修"分别被转换成名词 leakage 和 checks and maintenance，而"损伤""影响""注意进行"则被分别转换成形容词 defective（有缺陷的）、inaccurate（不准确的）和 imperative（必要的），因此"损伤外观"即"外观有缺陷"；"影响读出"即"读出不准确"；"注意进行定期检修"即"定期检修是必要的"，这种自然的词性转换可以有效消除译文的生涩感，使译文自然地道、表达流畅。

3.1.3.1 汉语动词与英语名词的互换

和英语比起来，汉语中动词用得比较多，这是汉语的一个显著特点。科技文汉英翻译中，译者往往可以把汉语中的动词转译成英语中具有动作意义的名词或由动词派生出的名词。

> **例1** 如果人们对微积分作进一步的研究，就会发现幂级数的许多其他用途。
> **译文** A further study of calculus shows many other uses of power series.

例2 只要一点鼠标，来自世界另一端的信息便会以每秒绕地球七周半的惊人速度传输到你的电脑屏幕上。

译文 With a click of a mouse, information from the other end of the globe will be transported to your computer screen at the dizzying speed of seven-and-a-half times around the earth per second.

例3 前列腺特有抗原（PSA）水平过高表明前列腺有异常。

译文 Elevated PSA levels are an indicator of abnormalities in the prostate.

英译汉中也会出现动词被翻译成汉语名词的情况，如例4所示：

例4 The inflammation is characterized by red, swelling, fever and pain.

译文 炎症具有红、肿、热及痛等特点。

译文中的名词"特点"来自原文的动词 characterized。

3.1.3.2 汉语动词与英语介词或介词短语的互换

汉语动词有时可以被转换成英语介词或介词短语。

例1 利用雷达人们能看见视线以外的物体。

译文 By radar people can see the things beyond the visibility of them.

例2 测出激光束往返于月球和地球所需要的时间，科学家们就能精确地求出两者之间的距离。

译文 By measuring the time the laser beam takes to go to the moon and come back to the earth, scientists can calculate the precise distance.

例3 通过考察此模型，人们便能了解原子的结构。

译文 By an examination of this model, one can learn about the structure of an atom.

例4 整理上述方程，我们得到下列方程组。

译文 Upon rearranging the above equation, we obtain the following set of equations.

例5 我们用牛顿来度量力。

译文 We measure force in newtons.

英语介词或介词短语有时亦可被转换为汉语动词。

例6 Ordinary movements would be impossible without friction available.
　　译文　没有摩擦力，就不会有常见的运动。

这里的 without 被翻译为汉语的动词"没有"，更符合表达习惯。

3.1.3.3　汉语名词与英语动词的互换

汉语中的名词转换成英语动词的译法，常常用在汉语中只能用名词来表达的一些概念上，这些概念一般没有相应的动词表达；而在英语中表示这些概念的词通常既可作名词，又可作动词，并且习惯上多用相应的动词。

例1　本文的目的在于讨论元件材料和元件技术的新成就。
　　译文　This article aims at discussing new development in component material and techniques.

例2　气体和固体有区别，因为前者比后者有更大的可压缩性。
　　译文　Gases differ from solids in that the former have greater compressibility than the latter.

例3　动量的定义是速度和物体质量的乘积。
　　译文　Momentum is defined as the product of the velocity and a quantity called the mass of the body.

例4　电流的变化与电动势成正比，与电阻成反比。
　　译文　An electric current varies directly as the electromotive force and inversely as the resistance.

例5　这种仪器的特点是结构紧凑，携带方便。
　　译文　The instrument is characterized by its compactness and portability.

例6　在几秒钟内，表针的读数应为零。
　　译文　Within seconds the meter needle should read zero.

例7　穿越沙漠的输油管道，造价高达每英里八万英镑。
　　译文　A pipeline across the desert may cost as much as £80,000 per mile.

同样，把英语中的一些动词翻译成汉语时，译者可以采取汉语中的名词形式，如例8中的 works 和例9中的 builds。

例8　The cornea works in much the same way that the lens of a camera focuses light to create an image on film.

译文 角膜与照相机镜头在胶片上聚光成像具有十分相似的工作原理。

例9 This system builds on the knowledge and experience gained in developing the existing suite of software products.

译文 该系统的基础来自从开发现有成套软件中汲取的知识与经验。

例8中的works与例9中的builds在英语原文中均是谓语动词,译者分别将其翻译为汉语中的名词"工作原理"和"基础",这样的译文更加流畅、易懂。

3.1.3.4 汉语名词与英语代词的互换

汉语名词有时可被转换成英语代词。用代词代替已出现过的词语或内容是英语表达的一个重要特征。在科技文汉译英中,原文的汉语少用代称,多用实称,因此较常重复;而译文的英语多用代称,以避免重复。

例1 虽然我们看不见空气,但我们周围处处是空气。

译文 Though we cannot see it, there is air all around us.

例2 无线电波与光波相似,但无线电波的波长要长得多。

译文 Radio waves are similar to light waves except that the wave length of the former is much greater.

例3 导入的空气会增大热废气的质量,从而有助于增大由废气所获得的推力。

译文 The ducted air amplifies the mass of hot exhaust gases, and thus serves to augment the thrust derived from them.

例4 柴油机的构造与汽油机的构造十分相似。

译文 The construction of the diesel engine is quite similar to that of the gasoline engine.

例5 自从元素排成周期表以来,周期表在世界各地得到广泛的应用。

译文 Since elements were arranged in a periodic table, it has been widely used all over the world.

例6 重量的单位是克,长度的单位是米,容积的单位是升。

译文 The unit of weight is the gram, that of length is the meter, and that of capacity is the liter.

例7 一种元素的原子不同于所有其他元素的原子。

译文 The atoms of one element are different from those of all other elements.

例8 如果轴承未加润滑油的话,轴承很快就过热了。

译文 If the bearings were not lubricated, they would rapidly overheat.

例9 越来越多的证据表明,许多塑料制品的化学成分会移动到食物或流体上去,这些化学成分最终进入人体内。

译文 According to a growing body of evidence, the chemicals that make up many plastics may migrate out of the material and into foods and fluids, ending up in your body.

例 9 中的"人体"其实是泛指,对应的英语是 people's bodies,但这不太符合科技英语的表达习惯。英语中一般用代词 we、our、us、you、your、one、one's 表示泛指,译文中的 your 不仅遵循了英语的行文规范,而且通过使用与读者息息相关的 your,可以引起读者的共鸣,也体现了原文的真实含义。

3.1.3.5 汉语名词与英语副词的互换

由于表达习惯上的差异,有些汉语名词在英译时适合被转换成英语副词,作状语。

例1 氧是物质世界的重要元素之一,其化学性能很活泼。

译文 Oxygen is one of the important elements in the physical world; it is very active chemically.

例2 虽然黄金是一种重要的金属,但是人类的加工并没有改变它的性质。

译文 Gold is an important metal, but it is not essentially changed by man's treatment of it.

例3 100 赫兹到 3 200 赫兹的频率范围对建筑声学很重要。

译文 The frequency range of 100 Hz to 3,200 Hz is acoustically important in building.

例4 就测距的精度和速度而论,似乎还没有其他的技术能与激光相比。

译文 There seem to be no other competitive techniques which can measure the range as well or as rapidly as a laser.

例5 锂、钠、钾和铜在外壳上具有一个电子,因而其化学性质相似。

译文 Lithium, sodium, potassium, and copper have one electron in the outer shell and are chemically similar.

例6 图 1 所示是这种新型机器的简图。

译文 The new type of machine is shown schematically in Figure 1.

例7 地球的内部由两部分组成:地核和地幔。

译文 Internally the earth consists of two parts, a core and a mantle.

例8 在自然界所存在的物质中，只有铀-235可以用作获得核能的燃料。

译文 The only naturally occurring substance used as fuel for nuclear power is U-235.

同样，把英语中的一些名词翻译成汉语时，译者可以采用汉语中的副词形式，如例9中的approximation是名词，译者将其翻译为汉语中的副词"可近似"。

例9 An approximation may be obtained by determining the qualitative and quantitative composition of substance.

译文 通过定性以及定量地测定物质组成，可近似求解。

3.1.3.6 汉语名词与英语形容词的互换

汉语习惯于用名词来说明事物的性状，如"强度""硬度""可溶性""延展性""弹性"等；而英语往往习惯于使用表示特征的形容词。因此，汉译英时，名词和形容词之间常常需要进行转换。

例1 事实上，玻璃的可溶性比石英大得多。
　　译文 It is a fact that glass is much more soluble than quartz.

例2 这些异常的肌肉收缩是一些特殊疾病的症状。
　　译文 These abnormal muscle contractions are symptomatic of specific diseases.

例3 污染导致成品率的降低。
　　译文 Contamination leads to a lower yield.

例4 在裂变过程中，裂变碎片的放射性很强。
　　译文 In fission processes the fission fragments are very radioactive.

例5 所有的金属都有延展性。
　　译文 All metals tend to be ductile.

例6 龙门刨床的床身长度必须是工作台的两倍以上。
　　译文 The bed of the planer must be more than twice as long as the table.

例7 这种蒸汽机的效率只有15%左右。
　　译文 This steam engine is only about 15 percent efficient.

例8 刀具必须有足够的强度、韧性、硬度，而且要耐磨。
　　译文 The cutting tool must be strong, tough, hard and wear-resistant.

例9 这两种化合物都是酸。前者是强酸，后者是弱酸。

　　译文 Both the compounds are acids. The former is strong, the latter weak.

　　同样，把英语中的一些名词翻译成汉语时，译者可以采用汉语中的形容词形式，如例 10 中的 accuracy 被译为汉语中的形容词"精确的"，例 11 中的 length 被译为汉语中的形容词"过长的"

例10 CNC (computer numerical control) water jet cutting machine can be used for cutting any profiles with accuracy and almost any material.

　　译文 数控水射流切割机可用于切割精确的外形和几乎所有材料。

例11 The chief drawback of this technology is the length of the curing cycle at high temperature.

　　译文 该技术的主要不足在于过长的高温固化周期。

3.1.3.7 汉语形容词与英语名词的互换

汉语中的形容词有时可以被转换成英语中表示事物性质的名词、前面加不定冠词或 no 作句子表语等的某些抽象名词，或由形容词派生而来的名词。

例1 驱逐舰的医务室很安全，也很温暖，好极了。

　　译文 It is great that the sickbay on the destroyer is of high security and warmth.

例2 导电性在选择电气材料时很重要。

　　译文 The electrical conductivity has great importance in selecting electrical materials.

例3 那艘新造轮船的首航是成功的。

　　译文 The maiden voyage of the newly-built steamship is a success.

例4 在一定场合下摩擦是绝对必要的。

　　译文 In certain cases friction is an absolute necessity.

例5 他对电弧焊完全外行。

　　译文 He is a perfect stranger in electric arc welding.

例6 如果没有煤气管道，要远距离输送大量煤气从经济上看起来是不可行的。

　　译文 It would be economic impossibility that large volumes of gas can be transported over the long distance without gas lines.

同样，把英语中的一些形容词翻译成汉语时，译者可以采用汉语中的名词形式，如例 7 中的 combustible 和例 8 中的 kinetic 分别被译为汉语中的名词"可燃性"和"动能"。

例7 Since hydrogen gas is extremely combustible, when enough hydrogen gas is mixed with air, it reacts with oxygen, and then water is produced.
  译文 因为氢气极具可燃性，因此当足够的氢气与空气混合，它就会与氧发生反应，形成水。

例8 The instant the body reaches the ground, the energy is all kinetic.
  译文 物体到达地面的瞬间，能量全是动能。

3.1.3.8 汉语形容词与英语副词的互换

在科技文汉译英中，有时原文中用作定语的形容词要转换成译文中用作后置状语的副词。

例1 气球将上升到其内外的气体密度相同为止。
  译文 The balloon will continue to go up until the gas inside equals that outside in density.

例2 地球内的岩浆可能含有大量的气体和蒸汽。
  译文 The magma within the earth may be heavily charged with gases and steam.

在很多情况下，当汉语中的名词转换成英语中的动词或形容词时，原先修饰名词的形容词就要相应地转换成英语中的副词。

例3 这种通信系统的主要特点是操作简单，维护容易。
  译文 This communication system is chiefly characterized by its simplicity of operation and the ease with which it can be maintained.

例4 太阳对人的身体和精神都影响极大。
  译文 The sun affects tremendously both the mind and body of a man.

例5 气体在低压下导电性最佳。
  译文 Gases conduct best at low pressures.

例6 事实上，没有一种结构材料是十全十美的弹性体。
  译文 It is a fact that no structural material is perfectly elastic.

同样，把英语中的一些形容词翻译成汉语时，译者可以采用汉语中的副词形式，如例 7 中的 direct 和 indirect 分别被译为汉语中的副词"直接（地）"和"间接地"，例 8 中的 greater 被译为汉语中的副词"大幅"，修饰动词"减弱"。

例7 The imitation of the living system, be it direct or indirect, is very useful for devising machines, hence the rapid development of bionics.

　　译文 无论直接或间接地模仿生物系统，对机械设计都十分有用，所以仿生学得以迅速发展。

例8 These metal ions interfere with the electron flow and cause a greater decrease in electron motion.

　　译文 这些金属离子阻碍电子流动，造成电子运动大幅减弱。

3.1.3.9　汉语副词与英语形容词的互换

当采用转换法将汉语中的动词或形容词转换成英语中的名词时，原来修饰动词或形容词的副词就要相应地转换成英语中的形容词。

例1 目前，我国各地对这种电子转向器的需求量已大大增加。

　　译文 There is a big increase in demand for this sort of electronic commutator in every part of China.

在例句中，"大大增加"这一搭配是副词修饰动词，在翻译这一句子时，译者可考虑使用英语的 there be 句型，将"大大增加"翻译成 a big increase，"大大"由原文的副词转换成译文中修饰名词的形容词 big。

例2 只要稍加修理，这台机器就可再用。

　　译文 With slight repairs, this machine could be reused.

例3 在科学研究、设计和经济计算方面广泛地应用电子计算机可以使人们从繁重的计算工作中解放出来。

　　译文 The wide application of the electronic computer in scientific work, in designing and in economic calculations will free man from the labor of complicated computations.

例4 图表可以直观地显示要说明的关系。

　　译文 A graph gives a visual representation of the relationship.

例5 在新品种培育方面,基因突变是非常重要的。
  译文 Gene mutation is of great importance in breeding new varieties.

例6 这与属的划分关系不大,而在科的划分上观点是相当一致的。
  译文 Much less is connected with the separation of genera, and there is considerable uniformity of opinions as to the delimitation of families.

同样,把英语中的一些副词翻译成汉语时,译者可以采用汉语中的形容词形式,如例7中的differently被译为汉语中的形容词"不同的",例8中的naturally被译为汉语中的形容词"天然的"。

例7 Slopes oriented differently receive direct solar radiation in different amounts.
  译文 朝向不同的山坡,直接接收到的太阳辐射量也不同。

例8 Today all the naturally occurring elements that exist on the earth have been isolated.
  译文 今天,地球上的所有天然元素都已被全部离析出来。

3.1.3.10 汉语副词与英语名词的互换

汉语副词有时可以被转换成英语中一些具有副词含义的名词。

例1 类星体是1963年发现的,是人们努力克服射电望远镜的缺点所取得的一项成果。
  译文 The year 1963 saw the discovery of Quasi-stars, resulting from an effort to overcome the shortcomings of radio telescopes.

例2 他幸运地能在更靠近数据实际存储的地方进行操作。
  译文 He had the fortune to be able to make the operations that are taking place closer to where the data is actually stored.

例3 增添这种装置将保证工件装卸方便。
  译文 The added device will ensure accessibility for part loading and unloading.

同样,把英语中的一些副词翻译成汉语时,译者可以采用汉语中的名词形式,如例4中的chemically被译为汉语中的名词"化学药品"。

例4 The methods of controlling pests chemically often have undesirable side effects.

译文 使用化学药品防治害虫往往产生不良副作用。

3.1.3.11 汉语副词与英语动词的互换

汉语中的副词有时可被转换成英语中的动词。

例1 这位天才在诞生100周年时还在影响科学的发展。

译文 The influence that this genius has had on science continues at the 100th anniversary of his birth.

例2 加热面上的迅速蒸发，往往使蒸汽的湿度加大。

译文 Rapid evaporation at the heating surface tends to make the steam wet.

例3 科胡特克彗星没有像当初预料的那样发出明亮的光辉，使公众大失所望，搞得我们一些天文学家十分难堪。

译文 Kohoutek failed to brighten as originally predicted, leaving the public disappointed and some of us astronomers embarrassed.

例4 苯环上的甲基使甲苯非常易于硝化。

译文 The methyl group on the benzene ring greatly facilitates the nitration of toluene.

例5 分子仍然紧密地聚集在一起，但不再继续保持有规则的固定排列形式。

译文 The molecules continue to stay close together, but do not continue to retain a regular fixed arrangement.

练习 3

将下列句子翻译成英文，注意词类的转换。

1. 类黄酮通过抑制炎症和阻止氧化应激损害大脑功能，从而改善大脑组织。
2. 雷达这个词的意思就是无线电探测和测距。
3. 当冷物体的温度上升时，热物体的温度就下降。
4. 蓝图的尺寸和比例必须正确。
5. 冰的密度比水小，因此能浮在水面上。
6. 他对电子计算机的操作是陌生的。
7. 下面的表格列出了一些物质的电阻率。
8. 该厂产品的主要特点是工艺精湛，经久耐用。
9. 中国首个企业 5G 专网频率是工业无线专用频段，具有高速率、低时延等技术优势。
10. 该实验室的主要研究领域包括计算机视觉、语音识别、自然语言处理和机器学习方面的基础研究。

3.1.4 词的省略

翻译时，省略词语是为了保障译文表达流畅、通达。它指在翻译过程中省略原文中自然的、必不可少的但在译文中却是多余词汇的翻译方法，被称为减词翻译法。为忠实于原文，保证原文语义完整、信息准确，译者可以省略一些在译文中显得多余或者累赘的词语。实际上，被省略的词语在译文中的含义不言而喻或已包含在译文的上下文中。

科技文汉译英中，被省略的词一般包括下面几种情况：

3.1.4.1 省略名词

1. 省略范畴词

汉语中用来表示行为、现象、属性等所属范畴的名词，如"作用""方面""问题""状态""情况""方法""工作""局面""性""度"等，是汉语中常用的特指手段。它们本身没有实质的意义，翻译成英文时，可以省去不译，这样的译文也更加通顺、自然，如中和作用（neutralization）、修改方案（modification）、滞后时间（lagging）、周期变化（cycling）、积累过程（accumulation）、发光现象（luminescence）、活性化（activation）、组合体（combination）、过饱和现象（supersaturation）、解决办法（solution）、准备工作（preparation）、浸渍技术（immersion）、失业问题（unemployment）等。

例1 根据水的蒸发现象，人们知道液体在一定条件下能变成气体。
译文 From the evaporation of water people know that water can turn into gases under certain conditions.

例2 由于摩擦作用，这种橡胶密封圈容易损坏。
译文 On account of friction, the rubber sealing ring is apt to wear off.

例3 要建造金属大桥，就必须考虑金属的热膨胀特性。
译文 The expansion of metal on heating must be taken into consideration before a long metal bridge is built.

例4 这种微波的传播原理要用麦克斯韦方程来解释。
译文 The propagation of such microwaves will be explained in terms of Maxwell's equation.

例5 从导电性的观点来看，铝是做导线的好材料。
译文 From the viewpoint of conductivity, aluminum is a good material to be used for electric wires.

例6 完成勘查工作之后，登上月球表面的宇航员便重新回到探月太空船舱内。

译文 When the exploration was completed, the astronauts on the moon would join the moonship once more.

例7 这个计算过程是如此复杂，就是用计算机也得花上几个小时方能算完。

译文 The computations are so complicated that it would take one electronic computer several hours to work them out.

例8 为了得出电压的概念，让我们考虑一个简单的类似情况。

译文 To get an idea of electrical pressure, let us consider a simple analogy.

例9 这种装置的磁饱和度是可以算出的。

译文 The magnetic saturation of this device can be calculated.

例10 氧化作用会使避雷装置的接地线生锈。

译文 Oxidation will make ground-wire of lightning arrester rusty.

例11 积分作用可消除闭环系统中的静差现象。

译文 Integration can get rid of the static error in the closed-lop system.

2. 省略形容词前面的名词

汉语中，像"物美价廉"这种形式的主谓短语被译成英语时，往往只需译出其中的形容词即可，从形式上看省略了形容词前面的名词。

例1 与卫星通信系统不同，标准高频发射机和接收机可以做到价格低廉、重量轻、体积小，并且只需很小的功率即可工作。

译文 Unlike satellite communications, or satcoms, standard HF transmitters and receivers can be cheap, light and compact, and require little power to operate.

例2 标准的汽油发动机具有重量轻、容易制造的优点。

译文 A normal petrol engine has the advantages of being light and easily constructed.

例3 一种新型飞机正越来越引起人们的注意——这种飞机体积不大，价钱便宜，无人驾驶。

译文 A new kind of aircraft—small, cheap, pilotless—is attracting increasing attention.

3.1.4.2 省略动词

在科技文献汉译英中，一些类似"采取方法""采取措施""调整位置""配置仪器""编制程序""定向""求和"等动宾短语，译者常常省略其中的动词，将其译成相应的动名词形式或具有动作意义的名词。

例1 采取电子控制的方法能使控制系统的操作更迅速、更准确，而且更灵活。
译文 Electronic methods allow for greater speed, accuracy and flexibility in the operation of control systems.

例2 面对专业化，不可避免地应采取相应的组织措施。
译文 The inevitable counterpart of specialization is organization.

例3 为了获得最高的精确度，通常用电的方法来进行热测量。
译文 For maximum precision, the thermal measurements are usually made electrically.

例4 如果我们想要获得合适的语言保真度，就需要大约 300 赫兹到 3 300 赫兹这样的频谱。
译文 Adequate voice fidelity requires a frequency spectrum from about 300 Hz to 3,300 Hz.

还有一些动宾结构中使用的动词，如"开展""进行""加以""予以""施加"等，译者在英译时一般都采取省略方式，只译出其后的非名词宾语——另一动词。若译者照着汉语逐字翻译，它们就会成为冗词。

英语中同样有部分动词往往与其他名词搭配构成短语，但动词本身意义不具体，如 make、go、take、have、give、get 等。像短语 have a cold，译者不能将其翻译成"有一个冷的"，而是"患感冒"。在具体的英语句子中，这类动词被翻译成汉语时就需要省略。

例5 Small engines give poor acceleration so to achieve acceptable performance hybrid technology is required.
译文 小型发动机加速缓慢，所以需要使用混合动力技术才能实现预想性能。

例6 Solvents have the ability to hold only a certain amount of solute, then they become saturated.
译文 溶剂能溶解一定量的溶质，随后就饱和了。

例7 进行尺寸标注是一项复杂的工作，需要有长期经验才能完成。
译文 Dimensioning is complicated work and long experience is required for

the mastering of it.

例8 进行测试是一个复杂的问题,因此得格外仔细。

译文 Testing is a complicated problem, so be careful.

3.1.4.3 省略概括词或分述词

汉语中常使用一些词汇来概括前文提及的因素、成分、部分等,或在分述事物时使用一些分述性的词语,但因汉英语言使用习惯的差异,在汉语中被认为是合适的概括词或分述词,在英语的同类场合中却被认为是没必要的,一般应省略。

例1 这篇论文总结了电子计算机、人造卫星和火箭三个方面的新成就。

译文 The thesis summed up the new achievements in electronic computers, artificial satellites and rockets.

例2 水是由氢和氧两种元素组成的。

译文 Water consists of the elements of hydrogen and oxygen.

例3 声音的频率、波长和速度三者之间是密切相关的。

译文 The frequency, wavelength and speed of sound are closely related.

例4 电的生产和储存基本方法有三种:一种是用发电机;一种是用电池;一种是用蓄电池。

译文 There are three basic ways of producing and storing electricity: by generator, by battery, or by accumulator.

例5 连接金属板的方法主要有四种:一是用螺栓;二是用铆钉;三是用钎焊;四是用熔焊。

译文 There are four main ways of joining together sheets of metal: by bolts, by rivets, by soldering and by welding.

例6 电机是由定子和转子两部分组成的。

译文 Electric machines are composed of the stator and the rotor.

例7 扬声系统和立体声耳机左右两边的音量应平衡。

译文 Right and left sound volume of the speaker system and the stereo headphone should be balanced.

例8 可采用三种方法缩小元件体积:一种是固体电路技术;一种是微型组件技术;一种是微型电路技术。

译文 There are three ways of reducing the size of components: the solid circuit, the micromodule and the microcircuit techniques.

3.1.4.4 省略事理逻辑

科技文章在阐明事理、描述过程或探讨问题时,有些词语在汉语表述中必须出现,这样才能符合事理逻辑,符合汉语的使用特点;在英语中往往采用具有一定内涵的词汇或不同的表达形式,而不是逐字翻译。

例1 速度快、可靠性高,是电子计算机的两大优点。
译文 Speed and reliability are the two chief advantages of the electronic computer.

例2 我们不能完全排除其他行星有生命存在的可能性。
译文 We cannot definitely rule out the possibility of life on other planets.

例3 根据科学家们的看法,自然界要用 500 年的时间才能形成 2.5 厘米的表层土壤。
译文 According to scientists, it takes nature 500 years to create 2.5 centimeters of topsoil.

例4 这会提高长期天气预报的准确率。
译文 It may well improve long-term weather forecasting.

例5 利用电视电话,不仅可以听到通话人的声音,而且还能看到人。
译文 With a videophone you not only hear the person you are talking to, but also see him.

例6 他对所发现的不同动植物的数量之多感到惊讶。
译文 He was amazed at the number of different plants and animals found.

例7 由于篇幅有限,我们不能对这个问题作进一步分析。
译文 Space does not allow us to analyze this problem further here.

例8 因为使用机器的缘故,工厂的产品比以前便宜多了。
译文 Machinery has made the products of manufacturers very much cheaper than formerly.

例9 当混合剂燃烧时,由灼热的膨胀燃气所产生的推力,其大小可以控制,方向也可以调整,从而推动火箭朝预定的方向飞行。
译文 When the explosive mixture is burned, the resulting thrust caused by the intensely hot and expanding gases can be controlled and directed to push the rocket in the required direction.

例 9 中的"大小"(可以控制)和"方向"(可以调整)均需省略,因为 control 和 direct 本身就含有相应的意思。

使用说明、操作规程等科技资料经常需要在"检查"等词后面使用

"是否""有无"等词语，构成选择语气，以符合汉语的事理逻辑；而相应的英语却常常省略这些词，将其表达成以 check、examine 等引出的肯定性语气，这样才与英语的行文习惯相一致。

例10 从包装箱中取出仪器时，请仔细检查有无损伤之处。
　　译文 Inspect the instrument carefully for damage when removing it from the protective container.

例11 仪表面板上的指示灯可向操作者显示出控制器的工作是否正常。
　　译文 Light on the front of the instrument is signaling the operator that the controller is in the right operation.

例12 在使用测压器之前，应检查其功能是否正常。
　　译文 Voltage testers should be checked for correct functioning before use.

3.1.4.5 省略连接词语

由于汉英两种语言使用连接词语的习惯不同，汉语句子的各成分之间或句与句之间，有时需要使用一些连接词才能将它们之间的层次、条理、关系等表达清楚。汉译英时，有时不需要在形式上对等翻译，译者可以借助英语中特定的语法习惯或用词习惯来表达原文的语言逻辑，因此这些连接词往往省去不译。

例1 水若受热，就会汽化。
　　译文 Heated, water will change into vapor.

该例句中，汉语必须通过含有"倘若""若是""若""如果"等关联词的条件句式来表达可能实现的概念，而英语条件句式可直接以过去分词 heated 来体现，省去不必要的关联词，表达出了原文之意。

例2 假如没有重力，地球周围就不会有空气。
　　译文 Were there no gravity, there would be no air around the earth.

例3 由于铜是一种导体，因此一般用来导电。
　　译文 Being a good conductor, copper is generally used to conduct electricity.

例4 若已知电流和电阻，我们就能求出电压。
　　译文 Given the current and resistance, we can find out voltage.

例5 由于没有转动件，所需维护工作量可减少到最低限度。

　　译文 Without moving parts, maintenance requirements are cut to a minimum.

例6 虽然常温的水银在空气中是稳定的，但若受热便会与氧化合。

　　译文 Being stable in air at ordinary temperature, mercury combines with oxygen if heated.

例7 氢和氧化合，就形成了水。

　　译文 Hydrogen combines with oxygen, water being formed.

例8 如果把带电硬胶棒靠近轻物体，后者就会被吸过去。

　　译文 Bring a charged ebonite rod near a light object, and the latter will be attracted towards it.

例8中，英语译文以动词原形开头，但这里并不表示祈使语气，而是一种习惯表达方式，往往含有条件意味，表达出了原文"如果"的意思。

英语重形合，句式相对严谨，连词使用较为普遍。汉语重意合，强调语意连贯，句子之间的内在连贯较为明显，连词使用相对较少。

例9 Only a physical change occurs, because we have sugar and water after the sugar dissolves.

　　译文 糖溶解后剩下糖和水，这里只发生了物理变化。

例10 Since the process is a mechanical one and does not require heat, it can be very precisely controlled.

　　译文 整个过程为机械加工过程，无须加热，因此可精确控制。

3.1.4.6 省略句子中的重复成分

汉语为了讲究句子的平衡、气势或韵调，常使用排比、对仗、重复等修辞手段；而英语则不同，科技英语文章为使语言简练，或因使用习惯、语法结构上的要求，一般要避免重复。因此，在科技文汉英翻译中，原文中几个重复的成分在译文中往往只译出一个即可。

例1 所有的物体都由分子组成，而分子又由原子组成。

　　译文 All bodies consist of molecules and molecules of atoms.

例2 有些饲料加工设备看起来很简单，有些看起来则很复杂。

译文 Some feed milling equipment appears to be very simple, others rather complicated.

例3 两个阀装在汽缸顶部或靠近顶部。

译文 Two valves are fitted on or near the top of the cylinder.

例4 在系统设计中，能源可能是第一因素，也可能不是第一因素。

译文 Energy may or not be the primary factor in system design.

例5 质子带正电，电子带负电，而中子既不带正电，也不带负电。

译文 A proton has a positive charge and an electron a negative charge, but a neutron has neither.

例6 心脏能安全地打开，其瓣膜能安全地修复。

译文 The heart can be safely opened and its valves repaired.

例7 速度增大时的加速度为正，速度减少时的加速度为负。

译文 The acceleration is positive if the speed is increased, negative if decreased.

例8 远距离送电需要高压，而安全用电则需要低压。

译文 High voltage is necessary for the long transmission line while low voltage for safe use.

例9 从水中分离氢要比从酸中分离氢困难。

译文 It is more difficult to free hydrogen from water than from acids.

例10 业已证明，这种塑料比任何一种合金都更适合于这类用途，而且其价格也比任何一种合金都低得多。

译文 It has been proved that this plastic is more suitable for the purpose than any alloy, also that the cost is much lower.

例11 若要判断一个物体是否会在水中浮起，就得知道该物体的密度比水大还是比水小。要是比水大，该物体会下沉；要是比水小，就会浮起。

译文 When trying to decide whether an object will float in water, you need to know whether its density is greater or less than that of water. If it is greater, the object will sink. If less, the object will float.

例12 有些蝙蝠，借助于接收它们发出的尖叫声的回声，就能探测出障碍物的位置，并且避开这些障碍物。

译文 Certain bats, by receiving the echoes to the squeaks they emit, can locate and steer clear of obstacles.

练习 4

将下列句子翻译成英文，注意词的省略。

1. 过去10年，中国可再生能源发电总装机达到11亿千瓦，水电、风电、光伏发电、生物质发电装机规模稳居世界第一。

2. 这些X射线照片对诊断多种疾病，或者说找出多种疾病的病因很有用。

3. 电流的效应有磁效应、热效应和化学效应三种。

4. 用这种方法比搅拌法快，而且产品的质量稳定，价格便宜。

5. 空气、食物、水和热量是一切生物赖以生存的四个条件。

6. 使用贴有"可用于微波炉烹调"标志的塑料碗也许比使用没有贴这种标志的塑料碗更安全。

7. 世界需要担心将来可能出现煤、石油、天然气等燃料资源短缺的问题。

8. 这样一个发电站的修建费用仅占该开发工程总费用的一小部分。

9. 中国煤炭工业必须走"安全智能精准绿色开采与清洁高效利用"创新之路。

10. 在匀速运动方程式中，用以表示距离的符号是 d；表示速度的是 v；表示时间的是 t。

3.1.5 词的增补

科技文汉译英中,为了使译文既准确又符合英语的行文规范及使用习惯,译者有时需要增补一些必要的词语。例如,英语中体现语法功能的冠词、介词、介词短语、连词、代词等使用频率极高,而汉语中这类词语或缺失,或使用频率极低。因此,在科技文汉译英中,译者应针对这些情况适当采用词的增补法。

3.1.5.1 增补冠词

冠词是英语中使用频率最高的功能词之一,而汉语中没有冠词,也没有与之相对等的词类,所以汉译英不可避免地会涉及冠词的增补。

例1 晶体管是控制电路中电流的器件。
译文 A transistor is a device controlling the flow of currents in a circuit.

例2 化学反应的速度与反应物的浓度成正比。
译文 The rate of a chemical reaction is proportional to the concentrations of the reacting substance.

例3 产品的具体形态取决于干燥时的温度。
译文 The physical form of the product is dependent on the drying temperature.

例4 原子是元素的最小粒子。
译文 The atom is the smallest particle of an element.

例5 三极管的基本功能是放大电流。
译文 The basic function of the triode is as an amplifier of the current.

3.1.5.2 增补名词

在科技文汉译英中,译者有时需要把原文内含的意思在译文中明确地表达出来,方法之一就是在 of 介词短语中增加表示度量意义等的名词。

例1 已知的碳氢化合物高达几万种。
译文 The number of known hydrocarbons runs into tens of thousands.

例2 因为铸件冷却时收缩,所以铸模应该大一些。
译文 The size of the mould should be a little larger as the casting shrinks when it cools.

例3 金属经过热处理后，强度更大，更加耐用。

译文 Going through the process of heat treatment, metals become much stronger and more durable.

例4 科学定律常用文字来表达，但更多的是用公式来表达。

译文 The laws in science are frequently stated in words, but more often in the form of equations.

由于汉英两种语言在用词上存在差异，有些名词在汉语中是不必要的，可在英语中却是自然、地道的表达。若缺少了它们，译文含义就会不清楚，或语法结构上有缺陷，或行文不流畅。

例5 显然，由于这种辐射不产生可见光，因此不能用于照明。

译文 Obviously, since the radiation is invisible, it is of no use to us for the illumination purpose.

例6 有了计算机之后，几个人花几个月就可以算完了。

译文 With a computer a few men can do the work in a matter of months.

例7 研制周期长迫使人们主要根据对未来的预测来研制设备，而因涉及的费用高往往会推迟设备的投产。

译文 The lead-time problem forces facilities to be developed largely on the basis of predictions of the future, while the expense involved tends to delay them.

英语中有些名词是由其相应的形容词或者动词派生出来的，属于抽象名词。英译汉时，译者要采用具体化翻译。

例8 Computer implementation is mandatory but cannot be done entirely by persons who are unfamiliar with the method.

译文 计算机执行过程是按指令进行，交给不懂方法的人操作，计算机就无法执行任务。

3.1.5.3 增补代词

汉语的代词使用较少，相比较之下，英语代词体系复杂，使用广泛。因此，在科技文汉译英中，译者经常需要添加各种代词，其中以人称代词、物主代词、反身代词、指示代词等最为常见。

1. 增补人称代词

在科技文章中，汉语的一些无主句被译成英语时，译者需要添加表示泛指的人称代词 we、you 或 one 作主语，确保英语句子结构的完整性，同时遵循英语的行文规范。

例1 煤气泄漏会引起火灾，因此千万要小心。

　　译文 Gas leakage will cause a fire; hence you have to take care.

例2 飞机的质量并未给出，但可用该公式求出。

　　译文 Since the airplane mass is not given, we can find it by using this formula.

2. 增补物主代词

汉语在句子关系明确的情况下不需要使用物主代词，但英语中习惯使用物主代词，一般不能省略。所以，汉译英时，译者必须添加这类词。

例1 许多金属具有不同的导电性能。

　　译文 Different metals differ in their electrical conductivity.

例2 我们正在做生产性实验。

　　译文 We are doing our productive experiments.

例3 导线的直径和长度不是影响电阻的仅有因素。

　　译文 The diameter and length of the wire are not the only factors to influence its resistance.

3. 增补反身代词

英语句子的谓语动词有时需要搭配反身代词作宾语，在汉译英时，译者需要增补反身代词，以使句子结构完整。

例1 气体均匀地分布在整个容器中。

　　译文 The gas distributes itself uniformly throughout a container.

例2 原子在固体中是如何排列的呢？

　　译文 How do atoms arrange themselves in a solid?

例3 此处，我们仅讨论定子结构。

　　译文 We should concern ourselves here only with the structure of the stator.

95

4. 增补指示代词

为了避免重复，英语句子往往会使用指示代词来指代前文提到过的名词概念。在汉译英时，译者需要增补指示代词，以符合英语的表达习惯。

例1 太阳的体积约为地球的 130 万倍。
　译文 The volume of the sun is 1,300,000 times that of the earth.

例2 现在的发动机与过去的差异很大。
　译文 Today's engines are of much greater difference from those used in the past.

例3 铁很容易氧化，因此在自然界不曾见纯铁。
　译文 Iron combines easily with oxygen. That is why it is never found pure in nature.

例4 炉渣的熔点比杂质或熔剂的要低，因此整个炉料在较低的温度下便开始软化。
　译文 The slag melts at a lower temperature than either the impurities or the flux, and this causes the whole mass to begin to soften at a relatively lower temperature.

3.1.5.4 增补介词

1. 增补表示时间、地点的介词

汉语可以直接用时间名词、地点名词、方位名词等作句子的时间状语或地点状语，被译成英语时，译者往往需要在这些名词前添加适当的介词。

例1 近年来，电子学发展得如此之快，令人惊讶。
　译文 It is surprising that the development of electronics is so fast in recent years.

例2 旧车床右侧有一个新型车床。
　译文 A lathe of the later type is on the right of the old one.

例3 自然界有各种不同的元素。
　译文 There are different elements in nature.

例4 输电必须用高压。
　译文 In the transmission of electric power high voltage is necessary.

例5 电流通过电阻时，电阻的两端就有电位差。
　译文 Whenever a current flows through a resistance, a potential difference exists at the two ends of the resistance.

2. 增补其他介词

除表示时间、地点使用介词外，英语在表示目的、方式，以及与一些特定的名词搭配时，也会使用介词。在汉译英时，译者需要考虑英文表达习惯，适当增补介词。

例1 不同的钢，其临界温度是不同的。
   译文 The critical temperature is different for different kinds of steel.

例2 这个灯泡电阻为 120 欧姆。
   译文 This light bulb has a resistance of 120 ohms.

例3 那张画一暴露在 X 射线下就变黑了。
   译文 That picture became darkened on exposure to X-rays.

例4 混合物与化合物的区别何在？
   译文 What is the difference between a mixture and a compound?

例5 光盘是一种很好的存储介质，其存储量为几百兆字节。
   译文 The compact disk is a good storage medium with a volume of several hundred megabytes.

例6 从四摄氏度开始，水逐渐变冷时，密度会变小，而体积会变大。
   译文 From 4 ℃ on down, water will decrease in density and increase in volume as it gets cold.

3.1.5.5 增补动词

汉语句子的谓语除了由动词充当之外，名词、形容词等也可以直接作谓语，而英语句子总是需要一个动词来充当谓语，因此汉译英时，译者经常需要增加合适的动词作谓语。

例1 不锈钢硬度大、强度高。
   译文 Stainless steel possesses good hardness and high strength.

例2 有些材料，如玻璃、橡胶等的电阻极高。
   译文 Some substances such as glass, rubber, and the like, offer very high resistance.

例3 这种激光束的频率范围很窄。
   译文 This laser beam covers a very narrow range of frequencies.

例4 热固系统比冷固系统的强度高，而且老化情况也很好。

译文 Hot-set systems produce higher strengths and age better than cold-set systems.

例5 各种自动车床的作用基本相同，但形式不同。

译文 Automatic lathes perform basically similar functions but appear in a variety of forms.

3.1.5.6 增补连词

汉语是一种意合语言，大多数句子是按时间顺序和逻辑关系排列的，语序固定，彼此之间的逻辑关系通常是内含的，连词用得较少；相比之下，英语是一种形合语言，连词的使用比较广泛，且是一个语法规范问题。因此，在科技文汉译英中，译者不能死抠原文，不少情况下要添加必要的连词。

1. 增补并列连词

增补的并列连词一般包括 and、but、or 等。

例1 到 2050 年左右，土壤中细菌的碳释放量有可能大于林木的吸收量，地球会加速变暖。

译文 Around 2050, the amount of carbon released from the soil by bacteria would be greater than that soaked up by trees, and global warming would be accelerated.

译文中的 and 具有很强的衔接性，它不但使英语句子语法结构完整、正确，体现了英语明显的形合特征，而且使语义流畅、逻辑关系清楚。

例2 这台机器的优点是结构简单、性能好。

译文 This machine has the advantages of simple structure and good performance.

例3 在这个公式中，Q 是吸收的热量，单位为焦耳，m 是物质的质量，单位为克。

译文 In this equation, Q is the amount of heat absorbed in joules, and m is the mass of the substance in grams.

例4 这样，蝙蝠可以判断出前方有什么物体，距离有多远。

译文 In this way, the bat can tell what lies ahead and how far away it is.

例5 在标准大气压下,纯水在 0 摄氏度时冻结,在 100 摄氏度时沸腾。

译文 Pure water freezes at 0 ℃ and boils at 100 ℃ under standard pressure.

例6 几乎所有物质都热胀冷缩。

译文 Practically all substances expand when heated and contract when cooled.

例7 这台高炉已经连续运转了七八个小时。

译文 This furnace has worked in succession for seven or eight hours.

例8 如果物体温度比我们的体温高得多,我们就说它热;如果比我们的体温低得多,我们就说它冷。

译文 An object is said to be hot if its temperature is much higher than that of our bodies, or cold if its temperature is much lower.

例9 有些测量方法是直接的,有些是间接的。

译文 Some methods of measurement are direct, but others are indirect.

2. 增补从属连词

增补的从属连词一般多出现在主从复合句的从句中,表示因果、时间、地点、条件、程度等。

例1 运动的电机转子具有动能。

译文 A machine rotor has kinetic energy while it is set in motion.

例2 温度不变,分子的平均运动速度就不变。

译文 The average speed of all molecules remains the same as long as the temperature is constant.

例3 没有电压,就没有电流。

译文 Unless there is voltage, there is no current.

例4 要彻底清除消耗臭氧的化学品还需要时间。

译文 It takes time before ozone-depleting chemicals can be totally eliminated.

练习 5

将下列句子翻译成英文,注意词的增补。

1. 处于磁场中的磁铁会受到一个力的作用。
2. 不同的物质具有不同的特性。
3. 导体的电阻与其长度、横截面和制造材料密切相关。
4. 炉壁采用耐火砖可大大降低热耗。
5. 摩擦总是表现为一种阻碍运动的力。
6. 由于成本高,很少用银作导线。
7. 这个概念与牛顿第一运动定律所表达的是一样的。
8. 若引起运动的力大于阻碍运动的力,速率就会增加,即产生所谓的加速度。
9. 环境科学在宏观上研究人和环境相互作用的规律,揭示社会、经济和环境协调发展的内在机制。
10. 数据科学技术将像互联网一样普惠大众,业务和决策人员将可以直接与数据进行交互,提高分析和决策效率。

3.1.6 术语翻译

术语指各门学科的专门用语，用来正确标记生产技术、科学、艺术、社会生活等各个专门领域中的事物、现象、特征、关系和过程。科技术语概念繁多，更新速度快，每一个新型科技领域的发展都伴随着大量新科技术语的出现，具有准确性（准确反映某一概念有别于其他相似概念的本质特征）、单一性（一个术语只能表述一个概念，反之亦然）、系统性（命名科技术语须注重其层次性）、简明性（简明扼要，方便阅读与交流）和稳定性（一旦命名，不可随意更改）等特征。

3.1.6.1 术语的来源

科学和技术的发展不仅为科技英语提供了极其丰富的词语，也是现代英语新词首要的、最广泛的来源。一般来说，科技词汇的形成和扩展是通过两种主要途径实现的：一种是非科技术语转化为科技术语，即常用词汇的专业化和同一词语词义的多专业化；另一种是通过传统的构词法合成科技术语。

1. 非科技术语转化为科技术语

1）常用词汇的专业化。常用词汇的专业化是指英语的常用词被用到某一专业科技领域中成为专业技术词汇，并具有严格的科学含义。例如，pupil 这个词在日常英语中意为"小学生"，在解剖学上意为"瞳孔"；carrier 在日常英语中意为"携带者"，在医学领域意为"带菌体"，带有明显的生物学、医学色彩；mouse 最常用的意思是"老鼠"，但还可以指电脑的"鼠标"。

2）同一词语词义的多专业化。随着常用词汇的专业化，英语中同一个常用词逐渐被许多专业采用，来表达各自不同的专业概念，甚至在同一专业中，同一个词又有多个不同的词义。例如，cell 这个词在日常英语中意为"小室"，在生物学中意为"细胞"，在建筑学中意为"隔板"，在电学中意为"电池"；动词 feed，作为日常用词意为"喂养、进食"，而在科技领域则有"供电、加水、添煤、上油、进刀"等多重意思；power 这个词在数学上意为"幂"，而在机械力学这一专业中就有"电力、动力、电源、功率、力"等多个词义。

例1 a 四次幂的平方根等于 a 平方。

　　译文 The square root of a to the fourth power is equal to a squared.

例2 随着电气工程的发展，电力能够输送到远距离以外。

　　译文 With the development of electrical engineering, power can be transmitted over a long distance.

例3 通信设备的电源分系统要在电压与负载受控的情况下供电。

> **译文** The power subsystem of the communication facility must provide a flow of currents under controlled conditions of the voltage and load.

2. 构词法合成科技术语

不同于汉语，英语中许多单词是由词根和词缀组合而成的，具有明显的结构性。现代科技英语词汇构成通常包括以下几种方法：

1）合成法（compounding）。合成法是指将两个或两个以上的旧词组合成一个新词的方法，包括合写式（solid form）、连词符式（hyphenated form）和开放式（open form）三种形式，如放射性尘埃（fallout）、流程图（flow-sheet）、保温材料（insulating material）。

2）混成法（blending）。混成法也叫拼缀法或紧缩法，是指将两个单词按一定的规律进行裁剪，两个词各取一部分或取一个词的一部分加另一个词的原形叠合混成一个新的单词，混成后的新词兼具两个旧词之形义。由于混成词简略，且容易借助联想理解词义，因而混成法在科技英语中使用频繁，如 telethon（冗长的电视节目）= television + marathon、maglev（磁悬浮列车）= magnetic + levitation、telediagnosis（远程诊断）= television + diagnosis、medicare（医疗保险）= medical + care、netizen（网民）= net + citizen、biorhythm（生理节奏）= biological + rhythm。

3）词缀法（affixation）。词缀法即在原有单词前面或后面加上词缀，构成新词。词缀具有极大的灵活性，同时又具有极强、极广泛的搭配表意能力，这是因为词缀的基本词义比较固定，而且它们的附着力很强，因此词缀法成为科技英语构词的重要手段。例如，前缀 anti- 表示"反"之意，加在其他词前即可构成 antimatter（反物质）、antiparticle（反粒子）、antihyperon（反超子）、anticyclone（反气旋）等；后缀 -logy 表示"某种学科"，是一个十分活跃的词缀，可以和其他词结合构成新词，如 futurology（未来学）、planetology（行星学）、paleontology（古生物学）等。

4）首字母缩略法（acronym）。首字母缩略法即将某一词语组合中主要单词的首字母组成新词的方法。科技英语中之所以常用缩略词，是因为它们简单、方便，laser（激光）就是一个典型的例子，它是由词语组合 light amplification by stimulated emission of radiation 缩略而来的。其他常见的科技缩略词有 MRI（magnetic resonance imaging，磁共振成像）、GPS（global positioning system，全球定位系统）、ADP（automatic data processing，自动数据处理）、AC（alternating current，交流电）、IC（integrated circuit，集成电路）等。

5）借用专有名词或外来词（borrowing）。许多科技术语是借用外来词、专有名词（包括人名、地名、商标、机构等）而构成的。例如，physics（物理学）来自希腊语；quartz（石英）来自德语；acupuncture（针灸）来自拉丁语；作为电阻单位的 ohm 是源自德国物理学家 Georg Simon Ohm 的姓氏；vaseline（凡士林）是借用商标名 Vaseline；Xerox（静电复印）原是美国的商号名，现在已成为普通名词，并派生了动词 xerox、名词 xeroxer 等；French chalk（滑石粉）、china clay（陶土）是借用地名。

6）截短法（clipping）。截短法就是把一个单词的首部或尾部进行剪切，或同时剪切词的首部和尾部，剩余的部分构成缩略词，这样的缩略词被称为截短词（clipped words），如 gas = gasoline（汽油）、chute = parachute（降落伞）、flu = influenza（流感）、lab = laboratory（实验室）等。

3.1.6.2　术语翻译处理的基本原则——约定俗成

科技文献的一大特点就是不同的领域有其专门的术语。对丁这类术语的翻译通常有两种情况：

1）在英语中有唯一术语与其对应，因此翻译时，译者只需采用"回译"策略即可，将其译成英语国家约定俗成的表达。例如，风疹（German measles）、急性中毒（acute poisoning）、缺省值（default value）、含水层（aquifer）、交叉算子（crossover operator）、慕课（MOOC，massive open online courses）、无线局域网（Wi-Fi，wireless fidelity）。

2）某些没有固定译名的术语，尤其是一些带有中国特色的术语，在英语中没有特定的词与其对应，这时汉译英的原则是尽可能使用已经习用的等价词或业界已有的通用习惯表达法。这样做不但可以保持译文的科技特色，而且有助于译文表达的地道性和实现译名统一，如简支梁（simply supported beam）、曲线箱梁（curved box girder）、汽车底盘（the chassis of a car）、电视实况广播（live television coverage）、由四栋楼组成的综合建筑物（a four-building complex）、涡轮桨发动机（turbo-prop engine）、下水道系统（sewerage）、同步卫星（synchronous satellite）、人才外流（brain drain）、特写镜头（close-up view）、妇科医生（中国古代又称"带下医"，gynecologist）、性腺发育不全（gonadal dysgenesis）。

从上述译例中可以看出，科技术语的翻译通常根据约定俗成的原则，即采取已被普遍接受的译法，不能任意主观创造，尤其不能照字直译。例如，不能把"同步卫星"译成 the same step satellite，也不能把"汽车底盘"硬译成 the base plate of a car。

3.1.6.3 新词的处理

如果在翻译中确实碰到必须创造新术语或单词时，译者一般可以采取以下两种方法：

1. 通过构词法创造新词

基于已有科技英语词汇形成和扩展的途径，对于科技发展中新出现的许多词汇或术语，译者大都可以根据一定的构词规则将其译成相应的英文。

1）根据合成法构成新词，如双曲拱桥（double-curved arch bridge）、螺旋式冷床（screw-type cooling bed）、电脑显示器（graphoscope）。

2）根据词缀法构成新词，如清除污染（depollution）、程序设计者（programmer）、超荷量（hypercharge）。

3）根据转换法或逆成法派生新词。转换法是指一个单词由一种词性转换为另一种或几种词性而词形不变的方法，如猛涨（skyrocket）。逆成法是构词法中一种不规则的类型，即把一个语言中已经存在的较长单词删去想象中的词缀，由此造出一个较短的单词，如火箭自毁（destruct）。

4）借助外来词，如（汽车的）底盘（chassis，来自法语）、瓷器（china，来自波斯语）、钴（cobalt，来自德语）、阳台（balcony，来自意大利语）。

2. 使用音译法创造新词

斗拱（dougong）、高岭土（kaolin）、人参（ginseng）、推拿学（tuinaology）等都是通过音译法创造的新词。

应该指出的是，在一些术语没有明确的、广为认可的译法之前，译者可以结合特定的专业领域，根据科技词汇的特点以及构词法进行最适切的翻译。一旦出现规范性的译法，译者应按照译名统一的原则规范术语翻译，采用约定俗成的通用表达。

练习 6

将下列句子译成英语，注意句中术语的翻译。

1. 晶体管有三个电极：发射极、基极和集电极。
2. A 栏列出了平方根，求平方根的运算可使用滑尺进行。
3. 挖斗宽且容量大，带有平直的切口，可用于清除和平整。
4. 在此后几年中，数以百计的克隆动物（源自五六个物种）都是通过该项神奇的人工诱导技术繁殖出来的。
5. 欧姆定律是电路理论的一个基本定律，它说明了通过电阻的电流与通过电阻的电势差成正比。
6. 2023 年，中国将推进 6G 以及其他前沿技术的研发，包括人形机器人、元宇宙和量子科技。
7. 中国将推出更多举措，培育战略性新兴产业，如人工智能、生物制造、智能网联汽车、物联网和绿色低碳等重点领域。
8. 虚拟电厂使用先进的技术和软件系统来收集不同的电力数据，如屋顶太阳能发电设施、电力存储系统和电动汽车。
9. 中国近期推出了第一个对话式大型语言模型 MOSS，该模型于 2023 年 3 月底成为开源软件。
10. 河北省张家口的全球最大智算中心将为人工智能驱动的大规模模型训练、自动驾驶、空间地理和其他人工智能相关的前沿应用提供智能计算服务。

3.2 句法结构翻译技巧

在科技翻译的过程中，英汉两种语言的结构存在明显差异。首先，汉语简练、灵活，英语结构严谨、句与句之间关系明确且连词的运用较多。英译汉时，如果采用逐字对译的方法，有时虽然语句不通，但也能领会意思；如果用同样的方法把汉语译成英语，那就会让人不知所云、无法理解。其次，汉语没有词形的变化，而英语有词形变化。英译汉时，变化的词尾能帮助译者弄清词与词之间的关系，而汉译英则需要译者确定使用什么形式，翻译难度自然加大。最后，汉语还具有一字多义的特点，并且各个意义之间可能风马牛不相及；英语虽也有多义词，但其词类是固定的，译者可以根据上下文选择适当词义。由此看来，汉译英有其困难的一面，但如果掌握了英语，特别是科技英语句式的特点及翻译技巧，汉译英也会变得有章可循。

科技英语的句式特点主要包含以下几个方面：

1. 科技英语多用现在时

科技英语多用动词的现在时，尤其是多用一般现在时，来表示"无时间性"的"一般叙述"，即叙述事实或真理，客观地表述定义、定理、方程式、公式、图表等。

例1 化学家们研究食物、木材、金属、药品、石油以及其他我们所用一切东西的结构，以期发现其原子在分子中是如何排列的，分子是什么样的，是什么力量使那些分子排列为晶体，而晶体又是如何排列成有用的物质的。

译文 Chemists study the structure of food, timber, metals, drugs, petroleum and everything else we use to find out how the atoms are arranged in molecules, what shape the molecules have, what forces make the molecules arrange themselves into crystals, and how these crystals arrange themselves into useful substances.

例2 许多人造材料正在取代某些天然材料，这或者是因为天然产品的数量不能满足人类不断增长的需要，或者更多地因为合成物（这是各种人造材料的统称）的物理性能被选中，甚至受到极大的重视，使得它会在准备加以采用的领域获得最大量的应用。

译文 Many man-made substances are replacing certain natural materials because either the quantity of the natural products cannot meet our ever-increasing requirement, or more often, because the physical properties of the synthetic substance, which is the common name for man-made materials, have been chosen, and even emphasized so that it would be of the greatest use in the field which it is to be applied.

例3 Beijing and Shanghai have lots of policies in public R & D and demonstration, which not only indicates the significance of science and technology investing and researching of new energy vehicles core technology, but also highlights industry and excellent resources in Beijing and Shanghai.

译文 北京和上海在公共研发和示范方面有很多政策，这不仅表明了新能源汽车核心技术的科技投入和研究的重要性，也突出了北京和上海的产业和优秀资源。

例1和例2译文中的动词study、use、have、make、arrange、are replacing、meet、is、have been chosen，以及例3原文中的动词have、indicates、highlights，均使用现在时态表示对事实的一般叙述。

2. 科技英语常用can和may

科技英语中，can和may比其他情态动词使用的频率要高一些，因为这两个情态动词可用来表示客观可能性，而其他情态动词则多突出主观性。

例1 毫无疑问，动物病毒能进入人的体内。

译文 There is no doubt that animal viruses can jump into humans.

例2 改善城市空气质量最好的办法可能还是控制汽车的使用，尽管现代汽车比以前的汽车污染要小很多。

译文 The best way to improve urban air may be to curb the use of cars, even though modern cars are far cleaner than earlier ones.

例3 The process of new energy vehicles industry encounters many difficulties and bottlenecks, while only relying on self-running market cannot reach the ultimate goal of industrialization.

译文 新能源汽车产业发展过程中遇到许多困难和瓶颈，而仅仅依靠自主经营的市场无法达到产业化的最终目标。

3. 科技英语中长句较多

科技英语以描述某一技术的过程、进行逻辑推导、叙述某一加工过程为主，语言必须严格、精确，一点儿也不含糊，所以必须使用长句才能表达清楚、准确。

这些长句，有的多到四五个语法层次，句子内部错综复杂，从下例中可见一斑：

例1 与传统清除方法相比，采用这种自然清除方法清除土壤、水以及空气中的污染费用低、破坏性小，正日益受到各政府首脑、企业、土地所有者、研究人员们的关注，因为他们正在寻求更加有效、经济的方法来清除世界上的有毒废品。

译文 Often cheaper and less disruptive than traditional cleanup methods, this natural approach to remediating hazardous waste in the soil, water, and air is capturing the attention of government regulators, industries, landowners, and researchers interested in finding better and less expensive ways to clean up toxic waste all over the world.

此译文中主句表达了"这种清除方法……受到……关注"，主句前的 Often cheaper and less disruptive than traditional cleanup methods 表明其受到关注的原因，主句后又阐明了它受到"各政府首脑、企业、土地所有者、研究人员们"关注的原因，三层关系透彻地说明了此方法的优势、适用范围以及市场前景。

例2 由上述可知，太阳的热能可以穿过太阳与地球大气层之间的真空，而大多热量在通过大气层时都扩散和损耗了。实际发生的情况正是如此，但是热量的损失究竟达到什么程度，目前尚未弄清。

译文 From what is stated above, it is learned that the sun's heat can pass through the empty space between the sun and the atmosphere that surrounds the earth, and that most of the heat is dispersed through the atmosphere and lost, which is really what happens in the practical case, but to what extent it is lost has not been found out.

译文中用了两个 that 引导的主语从句、一个 which 引导的定语从句，以及 but 引导的表示转折的并列句，用一个英语长句完整地表达了太阳热能如何到达地球、如何扩散和损耗以及对其研究的局限性。

例3 AI is the science of instilling intelligence in machines so that they are capable of doing tasks that traditionally required the human mind.

译文 人工智能是一门向机器灌输智能的科学，使机器能够完成传统上需要人类思维的任务。

原文用了一个 so that 引导的结果状语从句和一个 that 引导的定语从句，用一个英语长句表达了人工智能的定义。

4. 科技英语大量使用被动语态

这是因为科技英语注重对事实和方法、性能和特征作出客观的描述。与主动语态相比，被动语态表达更为客观，有助于将读者的注意力集中在叙述的事物、现实或过程上。2.3.1 已对此特征进行了具体说明，在此不再赘述。

5. 科技英语中非限定动词较多

科技英语中，非限定动词使用较多，如不定式短语、动名词短语，特别是分词短语，这样的句子结构严谨、简洁。

例1 我们必须知道能是怎么转化的。
　　译文　It is necessary for us to know how to convert energy.

例2 可以用密度计算一定体积的液体的质量。
　　译文　Using density one can calculate the mass of a certain volume of liquid.

例3 所有运动的物体都具有能量。
　　译文　All moving bodies have energy.

例4 China's manufacturing sector has made great strides in the past decade.
　　译文　中国制造业在过去 10 年成绩斐然。

例5 Companies are also stepping up their push to hone their research and development capabilities.
　　译文　企业也在加快提高研发能力。

大致了解科技翻译的难点和科技英语的特点之后，接下来，本教材将从科技英语的基本句型、主语的确定、谓语的表达及主谓一致、语序的调整、英语句式中常见的特殊句型及表达等方面介绍科技翻译的方法和技巧。

3.2.1　科技英语的基本句型

汉译英的第一步是理解汉语原意，第二步是学会分析汉语的句子结构。汉语句子主要有主语、谓语、宾语、定语、状语、补语等八种成分。主、谓、宾是句子的主要成分，是主干；定、状、补是句子的次要成分，是枝叶。例如，在"关于如何把这个信带给他们的问题还有待解决"这一句中，"问题还有待解决"是主要成分，其余是次要成分。主要成分可被译为 The problem still remained to be solved，然后把次要成分加上，这句就可被译为 The problem of how the message was to be sent to them still remained to be solved。

汉语句子结构分析清楚后，再看在英语里能否找到相对应的句型、是否需要变换句型、是否需要拆句或并句等。如果能找到对应的句型，就直译，即对原文字、词及词序不作较大变动的翻译；如果找不到对应的句型，就要意译，即对原文字、词和词序作较大变动的翻译；有时虽然能找到相对应的句型，但如果那样翻译不符合英语习惯，也要意译。

用英语来表达原文的内容，译者首先要能够正确地使用英语句子。而要正确地使用英语句子，就要知道英语有哪些常用句型，即句子的结构形式，以及每一个句型的基本含义，从而能够在翻译汉语句子时，正确而灵活地选择那些最合适的英语句型来表达原文的意义。同时，译者应该了解英语句型是以主语、谓语、表语、宾语、补语等成分来决定的，而这些成分过去一般被认为是由词构成的。例如：

<u>The general use of computers</u> <u>has changed</u> <u>the way we work</u>.
   主语   谓语   宾语

句子中的 general 和 of computers 都是 use 的定语（the 是冠词），we work 是 way 的定语（the 是冠词），这样分析是对的，但是近代的语言学理论倾向于认为句子成分是由词组构成的。也就是说，词构成词组，词组再构成句子，这样就使得句子结构具有一种层次的概念。词组有名词词组、动词词组、形容词词组、副词词组等，分别由名词、动词、形容词、副词这些中心词带上修饰成分等构成。它们是以整个词组的形式，在句子中充当各个成分（如果中心词不带有修饰成分等，则可以单独充当句子成分）。另外，平时常见的一些短语（如介词短语等）和各种从句，与词组有同等作用，也可以充当句子的各个成分。

动词词组有三种情况：单独动词、动词＋表语、动词＋宾语，而表语和宾语又可以再由词组构成。所以，上面那个例句也可以说是包括两个大词组：名词词组（the general use of computers）和动词词组（has changed the way we work），动词词组里再包括动词（has changed）和名词词组（the way we work），前者作谓语，后者作宾语。

英语的基本句型及相应的被动句如下所示：

主动句	相应的被动句
SV	
SVP	
SVO	SVp
SVOO	SVpOr
SVOC	SVpC

其中，S ＝ subject（主语），V ＝ verb（谓语动词），O ＝ object（宾语），P ＝ predicative（表语），C ＝ complement（补语），Or ＝ retained object（保留宾语），而 Vp ＝ V passive（表示谓语动词用被动语态）。

3.2.1.1 SV 句型

这一句型的基本意义是"某人或某物"（S）做"某一行为"（V）。

例1 铁会生锈。
  译文 Iron rusts.
       S   V

例2 计算机能令人惊奇地进行计算、思考和记忆。
  译文 Computers can marvelously calculate, think and remember.
       S   V

例3 水在 100 摄氏度会沸腾。
  译文 Water boils at 100 ℃.
       S   V

例4 电磁波可以传播很远的距离。
  译文 Electromagnetic waves can move through great distances.
       S   V

例5 大多数物质会受热膨胀。
  译文 Most substances expand on heating.
       S   V

在使用这一句型时要注意，在一定情况下，有些动词只有带一个状语，意义才能完整，如不能说 He went，而要说 He went away、He went to school 等；不能说 She sat，而要说 She sat there、She sat on the bed 等。

下面是一些英译汉的例子：

例6 The filter will glow.
         S   V
  译文 这层过滤片能发光。

例7 Those beads traveled along trade routes.
        S   V
  译文 那些珠子沿贸易路线运输。

111

3.2.1.2 SVP 句型

SVP 句型里的 P，现在也有人将其列为 C，但实际上，这个 C 和后面 SVOC 句型里的 C 在结构和内容方面都有着很大的不同，若都将其笼统列为 C，可能不够清楚。本章按照传统的做法将其列为 P，这也许是多数中国学习者更为熟悉的形式。

这一句型中的谓语动词基本上是表示"是"这一意义的连系动词，以动词 be 为代表。表语则有名词性和形容词性两种：前者表示主语"是什么"，由名词词组构成，后者表示主语"是怎样的"，由形容词词组构成。

例1 生铁是铁碳合金。

译文 Pig iron is an alloy of iron and carbon.（名词性表语）
　　　　S　　　V　　　　P

例2 发明计算机是人类历史上的一种奇迹。

译文 The invention of the computer is a marvel in human history.（名词性表语）
　　　　　　　　S　　　　　　　V　　　　　P

例3 计算机在许多方面和人脑很相似。

译文 The computer is in many ways quite similar to the human brain.
　　　　S　　　　V　　　　　　　　P

（形容词性表语）

例4 The super bacteria killers were spice, garlic, onion, and oregano.
　　　　　　　S　　　　　　V　　　　　　　　P

（名词性表语）

译文 超级细菌的杀手是香料、大蒜、洋葱和牛至。

例5 The risk of food poisoning is higher.（形容词性表语）
　　　　　　　S　　　　　V P

译文 食物中毒的风险更高。

从意义上来看，连系动词通常分为以下四类：

1. 表示"是"的动词，如 be、mean 等

例1 热是一种形式的能。

译文 Heat is a form of energy.

例2 UFO 是不明飞行物。

译文 UFO means Unidentified Flying Object.

例3 The bacteria killers were the big winners!

译文 细菌杀手是大赢家。

2. 表示"变成"的动词，如 become、grow、get、turn 等

例1 在大约 1 300 摄氏度时，金属变成塑性体。

译文 At about 1,300 ℃ the metal becomes plastic.

例2 电线发热，因为电流太大。

译文 The wire gets hot, for the current becomes too great.

例3 如果天气变冷，就把植物盖起来。

译文 If it turns cold, cover the plants.

例4 Iron in the egg yolk can alter hydrogen sulfide further so the egg yolk becomes ferrous (iron) sulfide on the surface.

译文 蛋黄中的铁元素可以进一步与硫化氢发生反应，使其表面形成硫化亚铁。

例5 Storms can frequently trigger lightning, even without turning severe.

译文 暴雨经常会引发闪电，即使不变成强暴雨也可能出现闪电。

3. 表示"仍然是"的动词，如 remain、keep、stay 等

例1 至少一周内，天气将仍然晴好。

译文 The weather will keep fine for at least a week.

例2 物价始终保持稳定。

译文 Prices remain stable throughout.

例3 上月的通货膨胀率保持在 4% 以下。

译文 Inflation stayed below 4% last month.

例4 The researcher made an appeal to the public to remain calm.

译文 这位研究员呼吁公众保持镇静。

4. 表示"看起来是、显得是"的动词，如 appear、seem、look 等

例1 这台高保真音响看起来很不错。

译文 The Hi-Fi set looks pretty nice.

例2 这可能没有一开始显得那么有用。

译文 It may be less useful than it appears at first.

例3 进一步实验好像也没什么不合理的。

　　译文 It seems only reasonable to make a further experiment.

　　目前，科技题材里常见的系动词还有 act、burn、come、end、flush、go、lie、rise、run、serve、stand、work 等。

例4 有了计算机，我们的许多梦想都已实现。

　　译文 With computers, many of our dreams have come true.

　　上例中，true 是表语，come 具有说明主语"是怎样的"之意。
　　有些系动词，特别是 act、serve、work，所带表语通常要有一个 as 引出，见例5。

例5 在很多方面，计算机的工作就像奇迹一样。

　　译文 In many ways, the computer works as a miracle.

　　上例中，as a miracle 是表语，work 具有说明主语"是怎样的"之意。

例6 Spicy foods seem to come from countries with a tropical climate.

　　译文 辛辣食物似乎来自热带气候的国家。

3.2.1.3 SVO 句型

　　这一句型所表示的基本意义是："某人或某物"（S）对另一"某人或某物"（O）做"某一行为"（V）。

例1 计算机基本上由三部分组成：输入部分、记忆部分、输出部分。

　　译文 A computer basically consists of three parts: input, memory, and output.
　　　　　　　S　　　　　　　　V　　　　　　　　　　　O

例2 有些科学家相信，有朝一日计算机可能会完全取代人脑。

　　译文 Some scientists believe that someday computers may totally replace
　　　　　　　　S　　　　　　V　　　　　　　　　　　　O
　　the human brain.

例3 Ants represent a fast, efficient, inexpensive, and highly discriminant
　　　　S　　V　　　　　　　　　　　　　　　　O
detection tool.
　　译文　蚂蚁作为识别工具，既快速、高效、廉价，辨别力又强。

在 SVO 句型中，有时后面还必须有一个状语，句子意义才能完整，如不能说 I put my book，而要说 I put my book here、I put my book on the desk 等。

SVO 句型的对应被动句句型是 SVp。

例4 计算机能储存大量的信息。
　　译文　Vast amounts of information can be stored in a computer.
　　　　　　　　　　　S　　　　　　　　　　　　Vp

例5 人类做不到的东西，却常常可以由计算机来完成。
　　译文　What humans cannot do can be done many times by a computer.
　　　　　　　　　　　S　　　　　　　Vp

例6 Our approach could potentially be adapted to a range of other complex odor
　　　　S　　　　　　　　　　　Vp
detection tasks.
　　译文　我们的方法未来也可用于其他一系列复杂的气味识别任务。

关于 SVO 句型，要注意不应该将有些不及物动词误当作及物动词，如不能说 We have arrived Shanghai，而应当说 We have arrived in Shanghai；不能说 I have been waiting you，而应当说 I have been waiting for you。又如，The visiting group will leave Beijing today 是 SVO 句型，意思是"访问团将于今天离开北京"；The visiting group will leave for Beijing today 是 SV 句型，意思是"访问团将于今天去北京"。

有些动词常带动词不定式作宾语，有些不能带；有些动词则常带动名词作宾语，有些却不能，这个规则往往不易掌握，需要多注意。

下面是一些最常见的能带不定式作宾语的动词：agree、aim、apply、ask、attempt、choose、decide、demand、desire、determine、expect、help（help 这个动词带不定式作宾语时，不定式可以省略 to）、hope、intend、learn、long、manage、offer、plan、pretend、promise、refuse、want、wish。

例7 <u>Computer programming</u> <u>aims to work out</u> <u>a series of operations to be performed</u>
       　　　　　S　　　　　　　　V　　　　　　　　　　O

by the computer.

译文 计算机编程旨在编制出由计算机执行的一系列操作。

在能带不定式作宾语的动词中，有相当一部分是表示"计划""想要""希望""打算"等的动词，如plan、want、hope、intend等，这是因为不定式一般表示在谓语动词之后发生的行为，所以这类动词的宾语用不定式，在逻辑上是合理的。

下面是一些最常见的能带动名词作宾语的动词：admit、advise、avoid、can't help、consider、delay、deny、enjoy、escape、finish、practice、stop、suggest。

例8 <u>Computers</u> <u>should always avoid</u> <u>being attacked by viruses.</u>
       　　S　　　　　　V　　　　　　　　O

译文 计算机应始终避免受到病毒的攻击。

接下来是一些最常见的既能带不定式，也能带动名词作宾语的动词：begin、continue、dislike、forget、like、need、prefer、propose、remember、regret、start。

有些动词在带不定式或动名词作宾语时，实际意义差别不大，如begin to do / begin doing 或 continue to do / continue doing。但有些动词在带不定式或动名词作宾语时，意思很不相同，如forget to do指忘了做某事，实际上也未做；forget doing指事情已做过，但后来忘了。remember to do指记得去做某事，实际上未做；remember doing指事情已做过，现在还记得。

3.2.1.4 SVOO 句型

这一句型中的第一个O是间接宾语(indirect object)，可以用Oi或IO来表示；第二个O是直接宾语（direct object），可以用Od或DO来表示，因此这个句型通常又可表示为SVOiOd 或 SVIODO。

这一句型中的谓语动词主要是一些表示"给予"意思的动词，如give。句型表示的基本意思是：主语（S）将直接宾语（Od/DO）所表示的事物给予间接宾语（Oi/IO）。

例1 计算机使我们的工作能得到很大方便。

译文 <u>The computer</u> <u>gives</u> <u>us</u> <u>great convenience in work.</u>
       　　　S　　　　　V　　Oi　　　　Od

英语中，间接宾语多数表示"人"，直接宾语多数表示"物"，但间接宾语有时也表示"物"。

例2 是什么使得计算机具有奇迹般的性能？

译文 What gives the computer its marvelous properties?
　　　　S　　V　　　Oi　　　　　Od

例3 电池串联时，每个电池都给电子一个推动力。

译文 When the cells are connected in series, each cell gives the electrons a push.
　　　　　　　　　　　　　　　　　　　　　S　　　V　　　Oi　　　Od

例4 一些细菌给我们带来很多危害；另外一些细菌是我们的好朋友。

译文 Some kinds of bacteria do us a lot of harm; others are very good friends
　　　　　　S　　　　　　V　Oi　　Od
of us.

3.2.1.5 SVOC 句型

这是一个比较复杂的句型，句型中的补语 C 为宾语补语。句子之所以要有宾语补语，是因为有些 SVO 型的句子如果没有这个 C，全句的意思就不完整，所以宾语补语是用来补足宾语意义的。宾语补语主要有两种类型，分别通过两种作用来补足宾语的意义：表语型，表示宾语"是什么"或"是怎样的"，相当于"宾语的表语"；谓语型，表示宾语的动作，相当于"宾语的谓语"。

宾语和宾语补语之间的关系就像句子的主语和表语或主语和谓语动词之间的关系一样，所以有人把"宾语 + 宾语补语"称为"复合宾语"，指出它们之间具有逻辑上的主谓关系。

1. 表语型

就像 SVP 句型中的 P 一样，表语型宾语补语由名词词组或形容词词组构成。

例1 我们有时把计算机叫作电脑。

译文 We sometimes call a computer an electronic brain.
　　　　S　　　　V　　　O　　　　　C

译文中，宾语补语 an electronic brain 由名词词组构成，说明宾语 a computer 是什么，其中含有 computer 就是 electronic brain 的意思。

例2 这些新方法将使电子器件变得相当小。

译文 <u>These new methods</u> <u>will make</u> <u>the electronic devices of the future</u> <u>quite small</u>.
　　　　　　　S　　　　　　　　V　　　　　　　　O　　　　　　　　　　　　　C

例3 我们觉得计算机和人脑很相似。

译文 <u>We</u> <u>find</u> <u>the computer</u> <u>quite similar to the human brain</u>.
　　　　S　　V　　　O　　　　　　　　C

上例中，宾语补语 quite similar to the human brain 由形容词词组构成，说明宾语 the computer 是怎样的，其中含有 computer 和人脑很相似之意。

有些动词所带的表语型宾语补语要由一个 as 引出。

例4 <u>Many times, people</u> <u>describe</u> <u>the computer</u> <u>as "marvelous"</u>.
　　　　　　　　　S　　　　　V　　　　　O　　　　　　C

译文 时常，人们以"十分奇妙"来描述计算机。

上例中，宾语补语 as "marvelous" 由介词 as 和形容词构成，描述宾语 the computer 的奇妙特性，动词所带的表语型宾语补语由 as 引出。

2. 谓语型

由动词不定式或分词构成。通常情况下，不定式表示宾语的一般动作，现在分词表示宾语正在进行的动作，过去分词则表示宾语的被动或已进行了的动作。

例1 计算机能使人们的工作效率大大提高。

译文 <u>Computers</u> <u>enable</u> <u>people</u> <u>to work much more efficiently</u>.
　　　　　S　　　　V　　　O　　　　　　　C

上例中，宾语补语 to work much more efficiently 是动词不定式短语，表示宾语的动作。

例2 我们能不能使计算机长时间地不断工作？

译文 <u>Can we</u> <u>keep</u> <u>a computer</u> <u>working for long hours</u>?
　　　　　S　　V　　　O　　　　　C

上例中，宾语补语 working for long hours 是现在分词短语，表示宾语的动作。

第 3 章 科技翻译技巧

例3 互联网能使人们随时都得到世界的时事信息。
　　译文　The Internet can keep people informed of global affairs.
　　　　　　　　S　　　　V　　　　O　　　　　　　C

上例中，宾语补语 informed of global affairs 是过去分词短语，表示宾语的被动动作。
有些动词所带的谓语型宾语补语是动词不定式时，这个不定式省略 to。

例4 拼贴让一些廉价的服务器比大得多的机器更强大。
　　译文　Collage lets some cheap servers outgun far bigger machines.
　　　　　　　S　　　V　　　　　O　　　　　　　　　C

上例中，动词 let 带不定式作宾语补语，不定式省略 to。

例5 The Chinese government has promulgated a large number of industrial policies
　　　　　　　　S　　　　　　　　V　　　　　　　　　　　　O
to deal with the problems of energy security, environmental pollution and
　　　　　　　　　　　　　　　　　　　　　　　　　　C
achievement of leapfrog promotion, in order to develop the new energy vehicles industry rapidly.
　　译文　中国政府颁布了大量的工业政策来解决能源安全问题、环境污染问题和
　　　　　实现跨越式发展所面临的问题，以使新能源汽车工业迅速发展。

上例中，宾语补语 to deal with the problems of energy security, environmental pollution and achievement of leapfrog promotion 是动词不定式短语，表示宾语的动作。

从上述例子可见：哪些动词能带"宾语 + 宾语补语"；哪些动词在带这个结构时，宾语补语要由 as 引出；哪些动词带不定式作宾语补语时，不定式省略 to，都是需要特别注意的。这些问题实际上是学习英语的一个重点，必须多作探讨。

和 SVOC 句型相对应的被动句是 SVpC，即 SVOC 中的宾语为被动句的主语时，C 仍保留在原位，但在性质上已成为主语补语。

例6 People regard the invention of the computer as a marvel in human history.
　　　　　S　　　V　　　　　　O　　　　　　　　　　　C

119

> 被动 The invention of the computer is regarded as a marvel in human history.
>   S   Vp   C
>
> 译文1 人们认为计算机的发明是人类历史上的一个奇迹。
> 译文2 计算机的发明被认为是人类历史上的一个奇迹。(**被动**)

上例中，宾语补语 as a marvel in human history 在被动句中的位置不变，充当主语补语。

例7 Researchers considered technology-drive and market-drive as the powerful
         S   V   O   C

sources for industry innovation.

> 被动 Technology-drive and market-drive should be considered as the powerful
>   S   Vp   C
>
> source for industry innovation.
>
> 译文1 研究人员将技术驱动和市场驱动视为行业创新的有力来源。
> 译文2 技术驱动和市场驱动应被视为行业创新的有力来源。(**被动**)

上例中，宾语补语 as the powerful source for industry innovation 在被动句中的位置不变，充当主语补语。

练习 7

试标注下列句子的成分（字母 S 代表主语，V 代表谓语动词，O 代表宾语，P 代表表语，C 代表补语）。

1. The tube consists of two short copper sections.
2. We cannot consider science and humanities as rivals in education.
3. That region was the most identifiable trouble spot.
4. There appear to be at least three reasons.
5. All forces occur in pairs.
6. Moist atmosphere makes iron rust rapidly.
7. The two substances are similar in form.
8. Poor conductors of heat are often called heat insulators.
9. Decorative colors give the wall great value.
10. Scientists have long predicted that computer would one day help speed up the arduous task of translating texts.

3.2.2 主语的确定

主语是一个句子的话题，是谓语陈述的对象，回答"谁"或"什么"，也就是提出要陈述的人或事物。在科技翻译中，确定主语是做好汉英翻译的第一步。下面针对主语的表示法、主语的确定以及翻译过程中主语的转换进行举例说明，以期让读者对汉英句式的主语做到准确把握。

3.2.2.1 主语的表示法

1. 用名词或动名词作主语

例1 声呐很像雷达。
　　译文 Sonar is very much like radar.

例2 这些结论对于黑色金属和有色金属似乎都是合理的。
　　译文 These conclusions seem to be justified for both ferrous and nonferrous metals.

例3 退火有助于消除金属的内应力。
　　译文 Annealing helps remove the internal stress from the metal.

例4 Functioning of the Internet is persistently transforming from the Internet of computers to the Internet of things.
　　译文 互联网的功能正在持续地从计算机互联网向物联网转变。

2. 用人称代词、指示代词、不定代词、疑问代词作主语

例1 什么力量使宇宙飞船沿着一定轨道绕地球飞行呢？
　　译文 What holds a spacecraft in orbit around the earth?

例2 几乎每个人都知道，水覆盖着地球表面的四分之三。
　　译文 Almost everyone knows that water covers three fourths of the earth's surface.

例3 其他条件相同的情况下，我们应先把仪表调整到"零位"。
　　译文 All other conditions being equal, we should first adjust the instrument to "zero".

在科技文体中，行文较为客观，除 it、they 和 we 这几个人称代词还稍微多见外，其他的人称代词是很少使用的。

例4 This is not just about saving money, smart things, reducing human effort, or any trending hype.

译文 这不仅仅是关于省钱、智能产品、减少人力或任何流行趋势的炒作。

3. 用数词作主语

例1 有所发现的人看来可以分为两类：第一类是有创造才能的人；第二类是"幸运儿"。

译文 Discoverers seem to fall into two classes. The first is the ingenious person and the second is the "lucky" one.

例2 6 乘以 10 等于 60。

译文 Six times ten is sixty.

例3 Over 60 percent of souvenirs were produced in Yiwu, from footballs, national flags and trophy ornaments to horns and whistles.

译文 从足球、国旗、奖杯饰品到喇叭和口哨，60% 以上的纪念品来自义乌。

4. 用动词不定式或名词性从句作主语

例1 保持电动机清洁是必要的。

译文 To keep motors clean is necessary.

例2 我们想要知道的是为什么物体投下一个阴影。

译文 What we want to know is why an object casts a shadow.

例3 To create an autonomous system is the main motive of the Internet of things and the cyber-physical system.

译文 创建一个自主系统是物联网和网络－物理系统的主要动机。

在英汉互译中，切不可违背语法要求，以动词、形容词等词性来作英语句子的主语。

3.2.2.2 主语的确定

汉语主语通常位于句首，被译成英语时，一般也被译作主语。但是，由于汉英两种语言的表达方式不同，汉语里有无主句，英语则没有，翻译时，译者可以将其译成英语被动句，以原来的宾语作主语；汉语主谓句中的主语，在一定的行文中可以省略，翻译时，译者首先要考虑的就是寻找恰当的主语。另外，汉语里用作主语的词或词组有些不适宜在英语句子里当主语，而是需要与句子中的其他成分进行恰当的转换，以使译文符合英语的表达方式。总之，汉译英时，译者必须首先考虑主语问题。

1. 原文中的主语在译文中仍作主语

例1 工程师们遇到许多有关这一种材料的问题。
  译文 Engineers have encountered many problems with this material.

例2 这项工程的设计工作还未开始。
  译文 Design on the project has not been started yet.

例3 我们把这种磁铁叫作电磁铁。
  译文 We call a magnet of this kind an electromagnet.

例4 塑料制品是否会直接危害人体健康目前已被获知。
  译文 Whether any of the plastic products causes immediate harm is known currently.

例5 AI is a technology that targets at making computers do human-like reasoning.
  译文 人工智能是一种旨在让计算机进行类似人类推理的技术。

2. 汉语无主句

汉译英时，译者可以用不定代词作主语，也可用 It is...to...、There is... 等结构。

例1 不能否认这个事实。
  译文 It is impossible to deny that fact.

例2 不是因为不存在问题，而是因为看不见问题。
  译文 It is not because the problem is not there; it is just not visible.

例3 有压迫就有斗争。
  译文 Where there is oppression, there will be struggle.

例4 相关联于机械、物理、生物、认知和社会系统。
  译文 It is relevant to mechanical, physical, biological, cognitive, and social systems.

另外，汉语无主句可被译成英语被动句，以原来的宾语作主语，这一点在前面讲被动句的使用时提到过。英语被动句也可以被译成汉语无主句，以原来的主语作宾语。

例5 必须采取各种措施，改善人们的工作条件，提高他们的生活水平。

译文 Different kinds of measures must be adopted in order to improve people's working conditions and raise their living standards.

例6 在合同中，详细地规定了双方必须履行的各种条件。

译文 In the contract, all kinds of conditions which both sides should follow were laid down in detail.

例7 The connections made between devices and systems should be carefully planned.

译文 应仔细规划设备和系统之间的连接。

3. 汉语里有些句子可以省略主语，但英语中则需补上主语

汉语里有些句子，有时前面一句话里用了主语，后面几句话可以省略主语，意思仍很清楚，不会引起误解；而在英语中，同一个主语在第二次出现时也不能省略，必须把每个谓语所陈述的对象都表示出来。因此，在汉译英时，译者就要从前面的句子里找到主语，然后给英语句子补上。

例1 自然科学方面，我们比较落后，特别要努力向外国学习。但是，也要有批判地学，不可盲目地学。

译文 In the natural sciences we are rather backward, and here we should make a special effort to learn from foreign countries. And yet we must learn critically, not blindly.

例2 铝比钢的强度小得多。但如果把它和少量的铜、锰、镁等金属熔成合金，再经过热处理，就能达到钢的强度。

译文 Aluminum has a strength much smaller than that of steel. However, if it is alloyed with small quantities of copper, manganese, and magnesium and subjected to heat treatment processes, it will gain a strength approaching that of steel.

例2中，指示代词 it 指代在汉语中被省略的主语 aluminum，这样的英译句子完整，不会产生主语的缺失或混乱。

在英译汉时，译者就要从英语句子里找到主语，然后在汉语句子中省略。

例3 Different models will be integrated, and they will also increase our understanding of the surveyed system.

译文 不同的模型将被整合，也将增加我们对所调查系统的了解。

例 3 中，指示代词 they 指代英语句子中的主语 different models，汉语句子中省略第二个分句的主语"不同的模型"，这样可使译文符合汉语表达习惯。

4. 变换主语，使其符合目标语的表达方式

汉语习惯用人或有生命的东西作主语，英语则习惯用无生命或抽象的东西作主语。因此，汉译英时，原文中以人或有生命的东西构成的主语往往要换成以抽象概念构成的主语。另外，英汉互译时，为了符合译文语言的表达方式，译者也需要变换主语。

例1 十年树木，百年树人。

译文 It takes ten years to grow trees but a hundred years to rear people.

例2 著名经济学家、中国社会科学院前副院长于光远认为，要将北京建成全国文化中心必须注意三点。

译文 In the opinion of Yu Guangyuan, the noted economist and former vice-president of the Chinese Academy of Social Sciences, three points should be kept in mind in building Beijing into the nation's cultural center.

例 2 中，汉语句中的主语是人名"于光远"，英译时，主语被转换为 three points（三点），这样的译文更符合科技英语的表达方式。

例3 BDS-based services have been successfully applied in land mapping, precision farming, digital development and smart port construction in member countries of ASEAN, South Asia, Eastern Europe, West Asia and Africa.

译文 基于北斗卫星导航系统的国土测绘、精准农业、数字化发展、智慧港口建设已在东盟、南亚、东欧、西亚、非洲成功应用。

例 3 中，英语原文中的主语是 BDS-based services，译文的主语是"基于北斗卫星导航系统的国土测绘、精准农业、数字化发展、智慧港口建设"，这样的转换使译文更符合科技汉语的表达方式。

3.2.2.3 翻译过程中主语的转换

前面分别针对汉语里主语的对应翻译、补充、变换等进行了讨论。在科技文本英汉互译中，由于汉英两种语言的结构不尽相同，因而句型对译时，常常会引起句子成分的变化。另外，一个句子有多种译法，译者可根据上下文的需要，选用其中的一种译法。翻译方法的改变，必然会引起句子成分的转换，所以在翻译过程中汉语句子中的主语也可能发生成分的转换，成为英语句中的宾语、表语、谓语、状语、定语等。反之亦然。

1. 汉语主语与英语宾语的互换

例1 在相同的温度下，所有气体的平均分子动能是相同的。
   译文 All gases at the same temperature have the same average molecular kinetic energy.

例2 水的密度是 1 000 千克/米³。
   译文 Water has the density of 1,000 kilograms per cubic meter.

例3 汽车的刹车必须高度有效。
   译文 An automobile must have a brake with high efficiency.

例4 High-speed trains have the maximum speed of 350 km/h.
   译文 高铁的最高时速一般为 350 公里/小时。

2. 汉语主语与英语介词宾语的互换

例1 各种原子的原子量是不同的。
   译文 Atoms differ in their atomic weights.

例2 水的膨胀系数是不变的。
   译文 Water is invariable in its coefficient of expansion.

例3 电动机的结构跟发电机类似。
   译文 A motor is similar to a generator in construction.

例4 Energy is diverse in development and utilization.
   译文 人类对能源的开发和利用是多种多样的。

3. 汉语主语与英语表语的互换

例1 在选择横梁时，重要的是要知道它的弯曲强度。
   译文 When choosing a beam, it is important to know its bending strength.

例2 钢含碳量越高，强度和硬度就越大。

　　译文 The more carbon the steel contains, the harder and stronger it is.

例3 无机化学和有机化学是人们所知的关于这门科学的两大部分。

　　译文 The two great divisions of this science known are inorganic chemistry and organic chemistry.

例4 The newly revealed Shadow-Effect Energy Generator (SEG) is a real prototype device.

　　译文 一种真实存在的实物装置是最近公布的阴影效应发电机。

4. 汉语主语与英语谓语的互换

例1 新型液晶的特点是工作温度范围宽、工作电压低和可靠性高。

　　译文 The new liquid crystals feature a wide working temperature range, low operation voltage and high reliability.

例2 原油里各种碳氢化合物的沸点不同。

　　译文 The different hydrocarbons in crude oil boil at different temperatures.

例3 Solar energy is defined as a renewable energy source, the thermal radiation energy of the sun.

　　译文 太阳能的定义是一种可再生能源——太阳的热辐射能。

5. 汉语主语与英语状语的互换

汉语主语有时可与英语的地点、方式、原因、目的等状语互换。

例1 欧姆定律说明：电路中的电流等于外加电压除以电阻。

　　译文 It is stated in Ohm's Law that the current flowing in a circuit is equal to the applied voltage divided by the resistance.

例2 我们大家都知道，电子计算机在科学和技术方面起着重要的作用。

　　译文 It is known to all of us that electronic computers play an important part in science and technology.

例3 现在，这种物质正在加热。

　　译文 Now, heat is being added to the substance.

例4 光的反射和折射是什么意思？

　　译文 What is meant by reflection and refraction of light?

例5 磨刀不当容易损坏刀具。

　　译文 Tools can be easily ruined by incorrect grinding.

例6 飞机不能在太空飞行，因为飞行涉及多种因素。

　　译文 An airplane cannot fly in space, since it involves multiple factors for its flight.

例7 In response to this global health crisis, the latest technological products developed by robotics companies have been used by medical and health institutions.

　　译文 为了应对这场全球健康危机，医疗卫生机构使用了机器人公司研发的最新技术产品。

6. 汉语主语与英语定语的互换

例1 物质有三态：固体、液体和气体。

　　译文 There are three states of matter: solid, liquid and gas.

例2 地球表面大约有四分之三的地方总是被水覆盖。

　　译文 About three fourths of the earth's surface is covered with water.

例3 Two principal ways of robotic technology are to disinfect hospital rooms and to act as a telemedicine portal, allowing doctors to communicate via video conference directly with patients without unnecessarily exposing themselves to the highly contagious virus.

　　译文 机器人技术的两个主要方式是给医院病房消毒和作为远程医疗平台，让医生可以通过视频会议直接和病人交流，又可以避免接触到这种高传染性的病毒。

除了上述转换外，汉语句子的其他成分也可与英语句子的主语互换，具体分为以下几种情况：

7. 汉语宾语与英语主语的互换

汉语中常常使用无主句，或在一定的上下文中将主语省略。这样的句子被译成英语时，句中的宾语就变成英语被动式中的主语。

例1 许多化合物中都含有氢。

　　译文 Hydrogen is found in many compounds.

例2 在切削不同的材料时，应采用不同的速度。
   译文　In cutting different materials, different speeds should be used.
例3 用不同的气体对这些管子充气就可得到不同的颜色。
   译文　Different colors can be obtained by using different gases to fill these tubes.

英语被动句的主语可以在汉语句子中变为宾语。

例4 Robots with built-in screens have been built by technology companies.
   译文　科技公司已经造出了有内置屏幕的机器人。

8. 汉语定语与英语主语互换

例1 镁原子的最外层有多少电子？
   译文　How many electrons does a magnesium atom have in its outermost layer?
例2 各种材料的磁特性有很大的不同。
   译文　Various substances differ widely in their magnetic characteristics.
例3 半导体的导电能力比金属差。
   译文　Semiconductors have a lesser conducting capacity than metals.
例4 Such machines are consistent in performance.
   译文　此类机械的性能是一致的。

9. 汉语状语与英语主语的互换

例1 人们在19世纪做了一些用钢筋来加强水泥的试验。
   译文　The 19th century saw experiments to make cement stronger by reinforcing it with steel bars.
例2 由于这些环境条件，难以找到进行试验的场所。
   译文　These circumstances make it difficult to find a site on which to carry out experiments.
例3 在第三条轨道上密集着18个电子。
   译文　The third orbit is packed with 18 electrons.
例4 Seawater includes various elements in physical and chemical forms.
   译文　在海水中有以物理和化学形态存在的各种元素。

练习 8

按照要求翻译下列句子，注意英汉两种语言之间的主语转换。

1. 黄铜和青铜是两种广泛使用的铜合金。（把主语译成表语）
2. 我们车间采用了新的生产工艺流程。（把主语译成状语）
3. 自动控制在 20 世纪 30 年代就有了一点发展。（把主语译成定语）
4. All sorts of useful things can be produced from coal and oil.（把主语译成宾语）
5. Aluminum alloy has low specific electrical resistance and high thermal conductivity.（把主语译成定语）
6. Generators used in production have no bar magnets.（把主语译成状语）

3.2.3 谓语的表达及主谓一致

英语中，谓语必须是动词，或者至少包括动词。从其变化形式来说，谓语有各种时态、语态和语气的变化。任何句子一般都有谓语动词，而凡是遇到谓语动词，译者都要注意其时态、语态、语气。在这三者之中，语态一般是不会造成困难的，但时态则是一个常见的难题，尤其是完成时态和完成进行时态，更是很难把握。即使是一般现在时，译者有时也会出错。科技翻译人员往往只注意学习 16 种时态中的几种常用形式，而对其他形式则采取回避态度。正确的做法应当是：先通过归纳形成对时态的根本认识，然后再重点掌握其中的某些形式。至于语气，在陈述语气、祈使语气、虚拟语气三者中，虚拟语气往往会造成麻烦。

3.2.3.1 谓语的表示法

1. 用单个动词作谓语

例1 光波带有能量，可以传到很远的地方。
译文 Light waves carry energy and travel to distant places.

例2 在 18 世纪，英国的生铁年总产量只有 17 000 吨。
译文 In the 18th century, pig iron production in Britain totaled only 17,000 tons a year.

例3 The change in chips consumption mainly affects the use of natural gas for the period 2020–2035 and electrical heating after 2030.
译文 芯片消费的变化主要影响 2020—2035 年的天然气使用和 2030 年后的电加热。

2. 用动词短语作谓语

例1 工程师和材料打交道，但是他们也和能量及能量转化方式打交道。
译文 Engineers deal with materials, but they also deal with energy and the ways of energy transformation.

例2 中国蚕丝出口量占世界蚕丝交易总额的 90%。
译文 The silk export of China accounts for 90% of the total trade volume of the world.

例3 这些物质进入土壤、植物和人体。
译文 The substances get into the soil, plants and human bodies.

例 4 Our industrial processes release pollutants into the air.
　　译文　我们的工业过程向空气释放污染物。

3. 用"助动词或情态动词 + 动词"作谓语

例 1 氯和钠可以化合生成氯化钠。
　　译文　Chlorine and sodium can combine to form sodium chloride.
例 2 温度的变化可能引起棒材长度的变化。
　　译文　Changes in temperature may bring about changes in the length of the bar.
例 3 工件将通过一系列的轧辊，轧辊的间隔依次缩小。
　　译文　The workpiece will pass through a series of rollers, each a little closer to the next one.
例 4 科学家应该有足够的分析问题和解决问题的能力。
　　译文　Scientists should have sufficient ability to analyze and solve problems.
例 5 Increasing exposures to pollution will cause more deleterious health effects.
　　译文　不断增加的污染将对健康造成更有害的影响。

4. 用"系动词 + 表语"作谓语

例 1 燃烧是一种化学反应。
　　译文　Burning is a chemical reaction.
例 2 激光器发出的光像是光束，因为它的两边几乎平行。
　　译文　The light from a laser is like a pencil of light in that it has nearly parallel sides.
例 3 空气是多种气体的混合物。
　　译文　Air is a mixture of gases.
例 4 Researchers are generally and appropriately cautious in interpreting such associations through the lens of a causal analysis.
　　译文　研究人员通常谨慎地从因果分析的视角来解释这种关联。

3.2.3.2 翻译中谓语的转换

在科技文汉英翻译中，无论是汉语句子的谓语，还是英语句子的谓语，都会因为采用不同的翻译方法和策略而出现比较活跃的转换，通常会有以下几种情况：

1. 汉语谓语与英语定语的互换

例1 摩擦损耗大量的能。
译文 There is a large amount of energy wasted due to friction.

例2 二极管的正向电阻很小。
译文 In the forward direction, the diode has very low resistance.

例3 涉及机器效率方面的因素是很多的。
译文 Many factors are involved in the efficiency of machines.

例4 The new electronic computer has very powerful functions.
译文 新型电子计算机的功能很强大。

2. 汉语谓语与英语状语的互换

例1 由分子运动产生的力会把它们分开。
译文 The force due to the motion of molecules tends to keep them apart.

例2 电子计算机的广泛应用对科学技术发展的影响极大。
译文 The wide application of electronic computers affects tremendously the development of science and technology.

例3 不管运动方向怎样，摩擦总是同运动方向相反。
译文 The friction always goes oppositely with the motion whatever its direction may be.

例4 China has invested heavily in gene-editing technology.
译文 中国在基因编辑技术上投资巨大。

3. 汉语谓语与英语补语的互换

例1 物质因重力作用而有重量。
译文 Gravitation causes matter to have weight.

例2 磨床用砂轮作刀具。
译文 The grinding machine uses the grinding wheel as its cutting tool.

例3 为了提高我国科学技术的整体水平，必须加强基础研究。

译文 To enhance the whole level of science and technology of our country, we should get the basic research strengthened.

例4 Scientists use artificial intelligence technology as a way to track and prevent diseases in poultry farms.

译文 科学家把人工智能技术作为追踪和预防家禽养殖场疾病的方法。

4. 汉语谓语与英语动词宾语或介词宾语的互换

例1 这种方法已经用来生产大型钢铁铸件。

译文 This process has found application in the production of large steel castings.

例2 本章扼要评述二端网络的应用理论。

译文 This chapter provides a brief review of the applicable two-port network theory.

例3 人造纤维能代替天然纤维吗？

译文 Can artificial fibers be used as substitutes for natural fibers?

例4 电子计算机能对工厂的每道工序进行分析。

译文 Computers can provide analyses of every operation in a factory.

例5 British research institutions give a presentation that by 2050, the annual number of deaths due to antibiotic resistance will be higher than the annual number of deaths due to cancer.

译文 英国研究机构报告到 2050 年抗生素耐药性每年导致死亡的人数将高于每年因癌症去世的人数。

5. 汉语谓语与英语主语的互换

例1 用仪表测量调节好的电压。

译文 Measurement of the adjusted voltage is performed by the meter.

例2 曾试图研究出一种培育水稻品种的新技术。

译文 Attempts were made to develop a new technique for breeding the rice variety.

例3 早在 20 世纪 70 年代，麻省理工学院建筑机械实验室就开始尝试在计算机中将语言和手势集成在一起。

译文 Attempts to program a computer to integrate gestures with speeches began back in the 1970s at the Massachusetts Institute of Technology Architecture Machine Lab.

例4 Treatment of brain and spinal cord injuries or congenital defects is performed by the neural link system.
译文 用神经连接系统治疗脑和脊柱损伤及先天性缺陷。

上述几个例子中的"测量""试图""尝试"在汉语句中都充当谓语动词,在英译过程中,译者选用名词作英语句子的主语,避免了无主句在翻译中的尴尬,也符合科技英语主语的无生命特征。

6. 汉语谓语与英语表语的互换

例1 功的大小取决于所施加的力与物体所移动的距离。
译文 The amount of work is dependent on the applied force and the distance the body is moved.

例2 这些新机器正在广泛使用。
译文 Those new machines are now in wide use.

例3 煤油不像汽油那样容易挥发。
译文 Kerosene is not so volatile as gasoline.

例4 糖和盐都溶于水。
译文 Sugar and salt are both soluble in water.

例5 "Gait recognition" technology is different from ordinary surveillance camera technology.
译文 "步态识别"技术不同于普通的监控摄像技术。

7. 汉语定语与英语谓语的互换

例1 诗人和科学家讨论的议题是:在过去两个多世纪里,科学思想对文学和社会变革的影响。
译文 Poets and scientists discuss how scientific ideas over the past two centuries have influenced literature and social change.

例2 进给量增加时,切除的金属更多。
译文 More metal is removed when the feed is increased.

例3 在给定的时间周期内，所发生的一切变化必须相似。

　　译文 All changes must take place similarly over given periods of time.

例4 Twenty cutting-edge sanitation products were designed to destroy harmful bacteria and prevent disease.

　　译文 设计的 20 款高科技卫生设备，旨在消灭有害细菌，预防疾病。

8. 汉语状语与英语谓语的互换

例1 他们已成功地把正常人类细胞转化为癌细胞。

　　译文 They had succeeded in turning normal human cells into cancerous ones.

例2 显像管的作用不难说清楚。

　　译文 What the image tube does is not hard to describe.

例3 近 10 年来，喷气发动机的工艺设计一直发展很快。

　　译文 In the past decade the engineering design of jet engines has continued to advance very rapidly.

例4 The scarcity of oxygen on Mars is difficult to sustain microbial life.

　　译文 火星上的稀薄氧气很难维持微生物的生命。

9. 汉语主语与英语谓语的互换

例1 电子计算机的主要特点是计算准确而快速。

　　译文 The electronic computer is chiefly characterized by its accurate and rapid computation.

例2 水银的重量约为水的 13.5 倍。

　　译文 Mercury weighs about 13.5 times as much as water.

例3 中子的作用不同于质子。

　　译文 Neutrons act differently from protons.

例4 The Internet of things is defined as an information carrier based on the Internet, traditional telecommunications networks, etc.

　　译文 物联网的定义是一个基于互联网、传统电信网等的信息承载体。

由此看来，无论是汉语，还是英语，主谓成分具有相当的活跃度。在翻译中，译者应该在考虑行文严谨和语法需要的前提下,灵活造句,打破字字对译的思维桎梏。

3.2.3.3 主语与谓语不一致

英语的主谓一致性主要表现在人称及数的一致(在科技英语中主要是数的一致)上,这是英语中最基本的语法规则。但在科技翻译的实践中,主谓不一致的错误经常出现。下面将针对科技翻译中存在的主谓不一致的情况进行举例分析。

1. 单数主语用复形谓语

例 这一方法在这项任务中得到广泛应用。

译文 This means have been applied broadly in this task.

means 是单数名词,意为"方法、手段"。译文中,谓语选用了 have 而非 has,违背了英语中主谓一致的原则。

改译 This means has been applied broadly in this task.

2. 复数主语用单形谓语

例1 这类研究直到从一个发达国家进口到新实验设备后才开始进行。

译文 These kinds of studies was not started until the new experimental equipment was imported from a developed country.

由 kind of 或 kinds of 修饰的主语,其谓语形式取决于 kind 的单复数。上例中,These kinds of studies 属于复数,而谓语却使用单数形式 was,违背了主谓一致的原则。

改译 These kinds of studies were not started until the new experimental equipment was imported from a developed country.

例2 他们认为,发达国家的生态农业缺少科学内涵,在生产实践中不可行。

译文 They believed that the thoughts of ecological agriculture in developed countries had little scientific contents and was not feasible in practical production.

译文从句中的第二个并列谓语 was not feasible 误用了单数谓语形式，与主语 thoughts 不一致。

> **改译** They believed that the thoughts of ecological agriculture in developed countries had little scientific contents and were not feasible in practical production.

例3 关键问题攻克之后，其余问题就迎刃而解了。
> **译文** After the key problem had been overcome, the rest was easily solved.

上例中的 the rest 为集合名词，是复数概念，因此动词应该用复数形式。类似的词还有 few、a few、people 等。此外，group、family、committee、class 等有时亦为集合名词，表示复数。

> **改译** After the key problem had been overcome, the rest were easily solved.

主谓不一致的错误主要是因为译者对主语的数判断不清。当然，这种错误也要归咎于译者没有认清主语的修饰语。因此，在科技文翻译中，译者不仅应对主语本身的数有一个清楚的认识，还应该留心主语的修饰语，如 much、as well as、one of 等。

例4 这是该出版社已出版的分子生物学专著之一。
> **译文** This is one of the monographs on molecular biology that has been published by the publishing house.

在"one of ＋ 复数名词 ＋ 从句"这一结构中，从句的谓语动词要与所修饰的名词保持数的一致性，即与 one of 后面的 monographs 保持一致。

> **改译** This is one of the monographs on molecular biology that have been published by the publishing house.

练习 9

一、按照要求翻译下列句子，注意汉英两种语言之间的谓语转换。

1. 可以说电子计算机已在工业上得到广泛应用。（把宾语"应用"转译为英语句子的谓语）
2. 流态砂法已经用来生产大型钢铁铸件。（把谓语"用来"转译为英语句子的宾语）
3. 没有摩擦就不能传递运动。（把谓语"传递"转译为英语句子的主语）
4. 这种解释违反自然规律。（把谓语"违反"转译为英语句子的表语）
5. When a spring is tightly stretched, it is ready to do work.（把英语句子的谓语转译为汉语句子的定语"拉紧的"）
6. The workers have succeeded in making high quality semiconductor devices of all types.（把英语句子的谓语转译为汉语句子的状语"成功地"）

二、指出下列英语句子中的错误并改正。

1. 中草药在医药市场上占很大的比重，并且不断增长，致使中草药供不应求。

    译文 Chinese traditional medical herbs takes a large proportion on the pharmaceutical market and are being more and more emphasized, so that the supply is smaller than the demand.

2. 风暴线过境有短时增温，伴有降水特征。

    译文 The phenomena of heating of short time and showers occurs when the squall line passes.

3. 与热带雨林生态系统一样，珊瑚礁是地球上重要的生态系统之一。

    译文 One of the most important ecosystems of the world which compares favorably to the tropical rain forest ecosystem is the coral reef.

4. 如有特殊病情者，如糖尿病、癫痫、过敏症，建议带上与其有关的病历卡，以免紧急情况时医疗措施不当。

   译文 If one has a special medical condition such as diabetes, epilepsy, or allergy, it is advisable that they carry some kind of medical records in order to avoid being given improper medication in any emergency.

3.2.4 语序的调整

所谓语序，是指句中各个成分的恰当位置。汉英两种语言中主要成分的先后顺序基本是相同的，如主语在谓语之前、谓语在宾语之前。在科技翻译中，针对这种情况，译者大多可以采用顺译法。所谓顺译，是指基本上保留原文的语法结构，即在语序和句序上不作较大的变动。

一般来说，若汉语原文结构接近英语，顺译也符合英语表达习惯，译者就可以采用顺译，因为顺译可以使原文和译文"貌合"且"神似"。

例1 计算机与人的大脑相似。
    译文 A computer is similar to the human brain.

例2 船上的雷达可使船只在海上有雾的天气中避免碰撞。
    译文 In foggy weather, radar on ships at sea helps prevent collisions.

例3 每个工程系统都需要电源。
    译文 Every engineering system needs a source of power.

例4 电动机把电能转化为机械能。
    译文 An electric motor changes electrical energy into mechanical energy.

例5 青铜中的锡使这种合金有更大的硬度。
    译文 Tin in bronze gives the alloy greater hardness.

例6 Artificial intelligence was considered by Chinese entrepreneurs as the most promising area in the innovation economy in 2018.
    译文 人工智能被中国企业家看作2018年创新经济最具前景的领域。

由于英语和汉语存在较大差别，在很多情况下，译者很难做到顺译，而是要调整语序。所谓调整语序，是指按照英语的语法规则调整汉语句子的某些成分或某些从句的位置，以便符合英语的表达习惯。一般来说，汉语语序比较固定，语序变动往往会影响句子的结构。充当主语的成分若放到谓语动词后面，就成了宾语。充当宾语的成分若放到谓语动词之前，就成了主语。而英语的语序则比较灵活，如有些从句可放在主句之前或之后、谓语动词之前或之后、被修饰的成分之前或之后，它们的结构关系并不改变。但是，定语的位置以及各种状语的次序，则有同有异，变化较大。因此，语序处理的重点在于定语和状语的位置。

3.2.4.1 定语的位置

定语是用来修饰、限定、说明名词或代词的品质与特征的。英语中主要有形容词、名词、代词、数词、介词短语、动词不定式（或短语）、分词、定语从句或其他相当于形容词的词、短语或句子作定语。汉语中常用"……的"表示定语。定语的位置一般有两种：用在所修饰词之前（前置定语）、用在所修饰词之后（后置定语）。定语和中心语之间是修饰和被修饰、限制和被限制的关系。在不同的英语句式中，定语的位置有所不同，主要分为以下几类：

1. 由代词、数词、形容词、名词、动名词表示的定语通常放在所修饰的名词之前

例1 延展性和可锻性是金属的两种重要加工性能。
译文 Two important working properties of metals are ductility and malleability.

例2 新发展起来的技术已应用于生产。
译文 The newly-developed technique has been applied to the production.

例3 目前，有些工厂利用计算机进行原料加工。
译文 Now in some factories, raw materials are processed by means of computers.

例4 声波由物质的运动传播。
译文 Sound waves are carried by the motion of matter.

但是，英语句子里修饰名词的形容词通常作表语，作定语时需后置。汉译时，译者应把后置的定语提到被修饰名词的前面。

例5 The guests present included some foreign visitors.
译文 到场的来宾中还有一些外宾。

例6 Cells alive are used as samples for further experiments.
译文 活着的细胞用作进一步实验的样本。

另外，某些以 -ible 或 -able 结尾的形容词用作定语时，一般后置；在所修饰的名词之前有最高级或 every、the only 等修饰语时，作定语的形容词也要后置。

例7 唯一可利用的材料是铝。
译文 The only material available is aluminum.

例8 各种可能的方法我们都试过了。

译文 We've tried every way possible.

例9 The products available are of low quality.

译文 能买到的产品都是质量很低的。

2. 修饰 anything、nothing、something、everything 的形容词放在其后

例1 关于利用天然蒸汽驱动涡轮发电机没有什么难以理解的。

译文 There is nothing difficult to understand about using natural steam to drive a turbine generator.

例2 要把计算结果检查、再检查，看是否有什么不对的地方。

译文 Check and recheck the results of calculation to see if there is anything wrong.

例3 你必须好好掌握一些基本的东西。

译文 You must have a good command of something fundamental.

例4 他有日常生活所必需的一切。

译文 He has everything necessary in his daily life.

例5 Can you see anything unusual from this device?

译文 你能从这个装置中看出不寻常的东西吗？

3. 由介词短语、动词不定式、形容词短语、从句表示的定语通常放在所修饰的名词之后

例1 通过控制刀具与工件之间的相对运动，就可加工出各种几何形状。

译文 By controlling the relative movements between the tool and the workpiece, geometric shapes are machined.

例2 金属是热和电的良导体。

译文 Metals are good conductors of heat and electricity.

例3 本章要介绍的变频器特别有用。

译文 The converter to be described in this chapter is particularly useful.

例4 在粉末冶金中，首先将待成型的金属磨成粉末。

译文 In powder metallurgy the metal to be formed is first ground into a fine powder.

例5 空气是若干气体的混合物，其中大约 21% 是氧。

译文　Air is a mixture gas, of which about 21% is oxygen.

例6 The products of the work of 57 institutes affiliated with the CAS cover fields that include new materials, information technology, intelligent manufacturing, and the health care industry.

译文　中科院下属的 57 个研究所的成果涵盖新材料、信息技术、智能制造和医疗保健等行业。

4. 单个分词作定语一般放在所修饰的名词之前，分词短语作定语放在所修饰的名词之后

例1 每个原子含有带两种电的小粒子。

译文　Every atom contains small particles carrying two kinds of electricity.

例2 所产生的热量与所使用的电能相等。

译文　The heat energy produced is equal to the electrical energy utilized.

例3 元素是只含一种原子的物质。

译文　An element is a substance consisting of atoms of only one kind.

例4 The formation of an "interface" will necessarily include the incorporation of complex processes derived from the host physiology and from the environment.

译文　"界面"的形成必然包括来自宿主生理学和环境的复杂过程的结合。

5. 多个前置定语的译法

汉语中前置定语不止一个时，习惯上把最能表明事物本质的定语放在最前面，而把表示规模大小、力量强弱的定语放在后面。英语则相反，越能表示事物基本性质的定语越要靠近它所修饰的名词。

例1 国际经济新秩序

　　　 1　 2　 3

译文　a new international economic order
　　　　　 3　　　 1　　　 2

例2 社会主义的现代化强国

　　　 1　　　 2　 3

译文 a modern powerful socialist country
　　　　2　　　3　　　　1

汉语与英语的前置定语不止一个时，有时排列顺序相同。

例3 一种高速、自动、电子数据处理机
　　　 1　 2　　 3　　 4　　　5
译文 a high speed, automatic, electronic, data-processing machine
　　　 1　　2　　　　3　　　　4　　　　　5

例4 54 large communication satellites
　　　 1　　2　　　3
译文 54 颗 大型 通信 卫星
　　　 1　　2　　3

如果一个名词前面有不止一个定语，则按照以下顺序排列：
1) 限定词，如 the、a、some、all、both、our、your、its、this、that 等。
2) 数词，如 one、two、three、first、second、third 等。
3) 一般形容词，如 easy、good、hard、small 等。
4) 表示"新旧"的词，如 old、new 等。
5) 表示"颜色"的词，如 red、yellow、green、white、blue 等。
6) 分词，如 moving、carrying、combined、made 等。
7) 表示"所属"的词，如 Chinese、Japanese 等。
8) 名词定语，如 sound、lathe、production 等。

3.2.4.2 状语的位置

　　汉语中状语的位置通常是在主语之后，谓语之前，为了强调，也可以放在主语之前。英语则不然，一个单词构成的状语可根据需要放在句首、动词之前、助动词和动词之后。较长的状语往往不是放在句首，就是放在句末，放在句中的较少。下面将分门别类地谈谈不同状语在翻译中的位置问题。

1. 修饰形容词、副词的状语
如果状语是单个副词，翻译时，译者可将状语放在所修饰的词前。

例1 优质油漆能紧紧粘在需要保护的表面上。
　　译文 Good paint very tightly sticks to the surfaces it is designed to protect.

例2 酒精的沸点是华氏 173 度，比水的沸点华氏 212 度要低得多。

译文 The alcohol boils at 173 degrees Fahrenheit, considerably less than water's boiling point of 212 degrees Fahrenheit.

例3 有的生物体对比较小的温度变化相当敏感。

译文 Some living things are very sensitive to comparatively small temperature changes.

例4 月球的引力比地球的引力小得多，所以月球上根本没有水。

译文 The moon is completely empty of water because the force of gravity on the moon is much less than that on the earth.

但 enough 修饰形容词或副词时，则需放在所修饰的词后。

例5 火箭必须围绕地球运行得足够快，以抵消地心引力。

译文 The rocket must go fast enough round the earth to balance the force of gravity.

例6 目前，计算机运行速度缓慢制约着虚拟现实技术的发展。

译文 The virtual reality technology is hindered right now by the fact that computers are simply not fast enough.

例7 This material is hard enough to withstand external pressure.

译文 这种材料很坚硬足以抵抗外部压力。

2. 修饰动词的状语

表示方式的状语放在动词（及宾语）之后。

例1 自然界中大部分原子不是单独存在，而是结合为分子。

译文 Most atoms do not exist in nature singly, but are combined in molecules.

例2 非常活泼的金属会迅速地被氧化。

译文 Very active metals are attacked rapidly by oxygen.

例3 Companies monitor closely these services to ensure they are safe.

译文 企业密切地监督这些服务，以确保它们是安全的。

如果状语是表示频度的副词，如 often、always、constantly、continually、hardly、seldom、never、ever、almost、certainly 等，放在单个动词之前；如果

谓语由两个或更多的词组成，则放在 be、情态动词或助动词之后。

例4 葡萄酒在烹调中通常是用来给菜肴调味的。
　　译文 In cooking, wine is usually added to flavor a dish.

例5 太阳的某些热能连续不断地转化成光能。
　　译文 Some of the heat energy of the sun is continually changing into light energy.

例6 这种植物很少开花。
　　译文 This plant seldom blossoms.

例7 新的病原体不断地被人们发现。
　　译文 New pathogens are still being discovered.

例8 The research was constantly conducted by a group of scientists over the past few years.
　　译文 科学家们在过去数年一直进行研究。

如果状语是介词短语，则放在所修饰的动词（及宾语）之后。

例9 为了将来能够获得成功，人们要不断学习和提高自己。
　　译文 In order to thrive in the future, people must constantly enrich and improve themselves.

例10 半导体的电气特性取决于其纯度。
　　译文 The electrical properties of semiconductors depend on their purity.

例11 皮带常常用来把动力从一台机器输送到另一台机器。
　　译文 Belts are often used in conveying power from one machine to another.

例12 能可以从一种形式转化为另一种形式。
　　译文 Energy is capable of being converted from one form to another.

例13 这些特种钢必须在电炉中熔炼。
　　译文 These special steels are to be made in electric furnaces.

例14 The orbiter and returner will separate from one another.
　　译文 轨道器和返回器将实施分离。

状语修饰动词时，汉语与英语的共同规律是：离动词最近的是状态（方式）状语，其次是地点状语，再次是时间状语。只是汉语的一般语序是向前推，而英语是向后推，即汉语状语的语序一般是"时间状语—地点状语—方式状语—动词",而英语状语的语序一般是"动词—方式状语—地点状语—时间状语"。

例15 他现在正在实验室里认真地工作。
　　　　　1　　2　　3
　　译文　He is working carefully in the laboratory now.
　　　　　　　　　　　3　　　　2　　　　　1

例16 直到大约1100年，南欧地区才会造纸。
　　　　　　　　1　　　　　2
　　译文　Paper was not made in southern Europe until about the year 1100.
　　　　　　　　　　　　　　2　　　　　　　　　　1

例17 The company hopes to be able to make a full public demonstration of the vehicle later in Japan this summer.
　　　　　　　　　　　　　　　　　　1　　　2
　　译文　该公司希望能在今年夏天 在日本对这款车进行全方位的公开展示。
　　　　　　　　　　　　　2　　　　　1

3. 不定式作状语

不定式作目的状语时，通常放在句首或句末；作结果状语时，通常放在句末。

例1 为把宇宙飞船发射进入轨道，需要有非常大的推力。
　　译文　To launch a space vehicle into orbit, a very big push is needed.

例2 科学家把材料放进磁场，观其反应。
　　译文　Scientists place materials into the fields to see how they react.

例3 轨道上运行的卫星总是要飞离地球，而结果总是被地心引力拉回来。
　　译文　The satellite travelling in orbit is always escaping from the earth only to be pulled back by gravity.

例1中的动词不定式作目的状语，放在了句首；例2和例3中的两个不定式作结果状语，放在了句尾。

例4 To ensure the accuracy of the experiment, it would be better not to allow drones to take off and land frequently.
　　译文　为了保证实验准确，不让无人机频繁起飞降落会更好。

例 4 中的动词不定式作目的状语，放在了句首，汉译时也放在了句首，符合汉语表达习惯。

4. 分词作状语

分词作状语可以放在句首、句中或句末。

例1 光波从光源向外传播时，带有能量并能传播到很远的地方。

译文　Light waves, spreading out from a source, carry energy and travel to distant places.

例2 计算机可以自己运行几天，进行千百万次运算。

译文　A computer may run by itself for days, doing millions and millions of steps in figuring.

例3 如果用最简单的术语下定义，机器是使用力做功的装置。

译文　Defined in the simplest term, a machine is a device that uses force to accomplish something.

例4 Developed by Chinese firms, the Android apps have been gaining popularity on Indian app stores for some time.

译文　由中国公司开发的安卓应用程序，一段时间以来在印度应用商店越来越受欢迎。

5. 表示时间、地点的状语

英语句子中表示时间或地点的状语通常放在句首或句末；如果时间、地点状语同时出现，通常把地点状语放在时间状语之前。汉语句子通常把时间状语放在地点状语之前。

例1 铁在很久以前已用于各个方面。

译文　Iron was used in many ways long ago.

汉语句中如果有两个或两个以上的时间或地点状语，通常是单位越大越在前，单位越小越在后；但是，英语句子中，单位越小越在前，单位越大越在后。

例2 中国于 1970 年 4 月成功地发射了第一颗人造地球卫星。

译文　China successfully launched its first man-made earth satellite in April 1970.

例3 1903年12月17日,莱特兄弟在美国北卡罗来纳州的基蒂霍克进行了第一次可以自由操纵的持续飞行。

译文 On December 17, 1903, the Wright brothers made the first free, controlled and sustained flight at Kitty Hawk, North Carolina, US.

例4 1987年,泽维尔在帕萨迪纳的加州理工学院工作时研究氰化碘(ICN)的分解过程。

译文 Working at Caltech in Pasadena, in 1987, Zewail looked at the break-up of iodine cyanide (ICN).

例5 The software analyzed 6.5 billion installs in the second and third quarters of this year.

译文 该软件分析了这一年第二、第三季度的65亿安装量。

6. 修饰全句的状语

汉语中修饰全句的状语一般放在句首,翻译时,对应的英语状语也放在句首。英语中修饰全句的状语在汉译时一般也放在句首。

例1 通常,这种毛坯要加热到260～315摄氏度。

译文 Normally, the workblank should be heated to between 260 degrees Centigrade to 315 degrees Centigrade.

例2 事实上,鲸鱼并不是鱼。

译文 As a matter of fact, a whale is not a fish.

例3 Actually, this signifies the start of the electric aviation age.

译文 实际上,这标志着电动航空年代的开始。

7. 状语从句的位置

汉语中,时间状语从句的叙述顺序没有英语那么灵活,通常是先发生的事先叙述,后发生的事后叙述;英语句子中,则比较灵活,表示时间的从句可在主句之前,也可在主句之后。

例1 当化学反应发生时,出现一股白色的浓烟。

译文 While the chemical reaction was taking place, white dense smoke appeared.

例2 自从电灯发明以来,已经经过了上百次的改进。

译文 The electric lamp has been improved upon for hundreds of times since it was invented.

例3 When they tested their predictions against census data for 2013 and 2014, which recorded the number of cases over the course of two years, they found the models were accurately estimating the growth trajectory of the disease.

译文 他们将自己的预测与2013年和2014年的调查数据进行了对比，该数据记录了两年间的病例数量，他们发现模型准确估计了疾病的发展轨迹。

汉语中，表示原因与结果的状语从句一般是原因在前，结果在后；英语句子中，表示原因与结果的状语从句可放在主句之前，也可放在主句之后。

例4 因为玻璃器皿是耐酸的，所以用来盛酸性化学药品。

译文 Since a glass vessel is acid-proof, it is used to contain acidic chemicals.

例5 因为光沿直线传播，所以物体有影子。

译文 An object casts a shadow because light travels past it in straight lines.

例6 小儿麻痹症患病率逐年稳步下降，这是因为有了疫苗。

译文 The number of cases of polio has declined steadily in each year because the vaccine has been available.

例7 其他人员用了爆炸手段才获得强度更高的脉冲磁场，结果却连研究装置都彻底报废了。

译文 Other researchers have generated much more intense magnetic fields, but only by using explosions that literally destroyed their devices.

例8 Civil aviation is one of the fastest growing sources of carbon emissions as people increasingly take to the skies.

译文 因为人们越来越多地乘坐飞机出行，民用航空是碳排放量增长最快的来源之一。

汉语中，表示条件或假设的状语从句一般在主句前；英语句子中，表示条件或假设的状语从句可在主句之前，也可在主句之后。

例9 如果没有摩擦，运动的物体永远不会停止。

译文 If there were no friction, a moving object would never come to a stop.

例10 除非受到外力的作用，静止的物体将永远保持静止。

译文 A body at rest always remains at rest unless it is acted on by an external force.

例11 If mobile data is more widely available, they can more easily contain disease outbreaks under certain conditions.

译文 如果更广泛地获取手机数据，在一定条件下，他们能更容易地遏制疾病爆发。

汉语中表示目的的状语从句一般是动作在前，目的在后；英语句子中，表示目的的状语从句的语序与汉语一致。

例12 电阻必须减少，以便获得更强的电流。

译文 The resistance must be reduced so that we can have a stronger current.

例13 水源必须经过处理，以便作为饮水用。

译文 Water supplies must be treated in order that they may be used as drinking water.

例14 火箭中要装入足够的燃料，以便它能把卫星送入高空。

译文 Enough fuel must be put in the rocket so that it may carry the satellite up.

例15 蒸馏水含杂质极少，用普通方法测不出来。

译文 The distilled water contains so few impurities that we cannot measure them by an ordinary method.

例16 Smartphone data allows researchers and scientists to see more detailed information about how people are exposed to the environment and others, in order that the study of the transmission patterns of dengue fever in small areas such as cities and towns can be conducted.

译文 智能手机数据使研究人员和科学家能看到人们如何接触环境以及他人的更详细信息，以便研究登革热在城镇等小范围内的传播模式。

3.2.4.3 倒装语序

汉语的偏正复句一般是偏句在前，正句在后；若把正句提到偏句之前，就成了倒装句式。汉语中倒装句用得较少，而英语中倒装句运用得较多。为了强调和平衡结构，英语常常采用倒装语序；在比较级结构以及疑问句中也常常采用倒装语序。

1. there be 句型

在这种结构中，主语通常放在谓语的后面，there 放在句首，以 be 等动词的某种形式作谓语，以名词或名词词组作真正的主语。

例1 把能量从原子核释放出来有两种方法。
译文 There are two ways to release the energy from the nucleus of an atom.

例2 需要有一个配电网把能量送到系统的各个部分。
译文 There needs to be a power distribution network to carry the energy to the various parts of the system.

例3 There are multiple causes of these injuries.
译文 损伤的原因有多种。

2. 疑问句

一般情况下，英语疑问句采用倒装语序，表示疑问。但是汉语疑问句采用陈述语序，句尾一般加"吗"之类的词，表示疑问。

在英语疑问句中，如果谓语为 be 及其变形，我们则将其放在主语之前。

例1 把热转化为其他某种形式的能而没有任何损失可能吗？
译文 Is it possible to convert heat into some form of energy without any loss?

例2 Is 5G an exciting mobile technology?
译文 5G 网络是一项激动人心的移动技术吗？

在英语句子中，如果谓语不是 be 及其变形，我们则将情态动词或助动词放在主语之前。

例3 普通人到月球旅行的那一天会到来吗？
译文 Will the day come when ordinary people may take a trip to the moon?

例4 So will we get a glimpse back at time with loved ones and other happy memories?
译文 那么我们会看见与所爱的人共度的时光和其他快乐的回忆吗？

英语句中若没有情态动词、助动词，我们则需加助动词 do，并按照人称、时间对应原则将其变成适当形式放在主语之前，原有动词则用原形。

例5 雷达怎样发现目标并计算出其位置呢？
译文 How does radar detect and calculate the location of a target object?

但是，对英语主语及主语的定语提问时，疑问句不倒装。

例6 是什么使一个人成为科学家的？
译文 What makes a person a scientist?

3. 否定词放在句首

否定词 never、not only、not until、seldom、hardly、rarely、scarcely、nowhere、no sooner、in no way、by no means、in no case 等放在句首时，句子要倒装，倒装方式也是把系动词、助动词、情态动词提前。汉语句子语序不变。

例1 核废料决不能倒入海中。
译文 In no case should the nuclear waste be poured into the sea.

例2 On no account should a person be exposed to nuclear radiation.
译文 无论如何人不应受到核辐射。

4. "only＋状语"放在句首

"only＋状语"放在句首时，句子要倒装，倒装方法同样是把系动词、助动词、情态动词提前。

例 只有通过精确的测量，我们才能理解自然界的许多现象。
译文 Only through accurate measurement can we understand many of the events of nature.

5. 描写对象或所说的事情和前一句相同

用 so（用于肯定句）或 nor、neither（用于否定句）开始的陈述句要倒装。倒装时，把 be、情态动词或助动词放在主语之前，谓语其余部分省略。但是为符合汉语表达习惯，汉语句子中不可省略和倒装。

例1 两个电子会互相排斥，两个原子核也会互相排斥。
译文 Two electrons will be repelled from each other and so will two nuclei.

例2 对冲基金的风险不是那么大，它的收益也不是那么丰厚。

译文　The risks from hedge funds are not that high, nor are the rewards.

例3 玻璃不导电，塑料也不导电。

译文　Glass does not conduct electricity, neither do plastics.

例4 Generally, the mutation had no significant impact on health and memory, nor did sleep time.

译文　突变基因一般对健康和记忆力没有明显影响，对睡眠时间也没有影响。

6. 谓语和状语很短

若谓语和状语很短，为了句子平衡，应倒装，将副词状语放在句首，其后接谓语，最后是主语。汉语句子可以不倒装或用无主句。

例1 接着，激光技术开始发展了。

译文　Then came the development of laser technology.

例2 然后，集成电路发展起来了。

译文　Then came the development of the integrated circuits.

例3 从烟囱中不断冒出一股灼热的二氧化碳气体。

译文　From the chimney flows a constant stream of highly heated carbon dioxide.

例4 Here comes the new research team.

译文　新研究团队来了。

7. 虚拟条件句

虚拟条件句中，可以将 should、were 或 had 放在句首，而省略 if。汉语句子语序不变。

例1 如果我们要使运动加速，就得施加某种力。

译文　Should we want to accelerate the motion, we should have to apply some force.

例2 如果牛顿没有发现运动定律，其他人也会发现。

译文　Had Newton not discovered the laws of motion, someone else would have done it.

例3 万一发生这种情况，整个实验就要以失败告终。

译文 Should this happen, the whole test would end in failure.

例4 Had these gene variants provided a big advantage, evolution should have made them common.

译文 如果这些基因变异提供了一个巨大的优势，进化应该会使它们变得普遍。

8. 让步状语从句

as 引导的让步状语从句要倒装，方法是把表语形容词或副词放在句首。在让步状语从句中，如果省略连词，句子也要倒装，方法是把系动词 be 的原形提前。汉语句子语序一般不变。

例1 这道题虽复杂，但是使用电子计算机只要两个半小时就能解出。

译文 Complicated as the problem is, it can be solved in only two hours and a half with an electronic computer.

例2 现代机器尽管复杂，实际上却是由简单机械组合而成。

译文 Complicated as a modern machine is, it is essentially a combination of simple machines.

例3 尽管他们做了很大努力，实验还是失败了。

译文 Much as they tried, the experiment failed.

例4 万有引力作用于有质量的两个物体之间，不管这些物体处于静止还是运动状态。

译文 Gravitational forces operate between objects that have mass, be they at rest or in motion.

例5 大多数物质，不管是固体、液体还是气体，都遇热膨胀。

译文 Most matter, be it a solid, a liquid or a gas, expands when heated.

例6 Difficult as the experiment is, people are getting closer to the goal of curing the disease.

译文 尽管实验非常困难，人们距离治愈这种疾病的目标越来越接近了。

9. 某些特殊的比较句型

在这些句型中，英语句子常采用倒装语序，而汉语句子采用陈述语序。

例1 草原动物长得越大，其相应的大脑体积就越小。

译文 The bigger the savanna animals grow, the smaller their relative brain size is.

例2 气体分子运动起来比液体和固体的分子更为自由。

译文 The molecules in gases move more freely than do those in liquids and solids.

例3 The fewer rapid radio bursts detected, the more difficult it is to draw conclusions from research.

译文 探测到的快速射电暴越少，研究结论就越难以得出。

练习 10

一、试用顺序法翻译下列句子。

1. 一个学数学的人必须牢记数学中常用的符号，还要通晓其术语定义和公式，这样才能打好数学基础、掌握好数学，以便深造。
2. 由于计算机能够在一两分钟甚至几秒钟内从工厂大量分散的任何一个地方获取信息，进行必要的运算，并向分散在工厂各处的同样多地方中的一处或多处提供答案或发出指令，所以它对加工工业的自动控制是理想的。
3. 由于气体分子相隔太远，不能相互排斥，所以气体很容易压缩；而固体或液体几乎是不可压缩的，因为组成其原子的电荷的斥力比我们所能施加的任何力都要强得多。
4. Experiments have proved that those elements which we ordinarily class as metals, such as silver, copper and gold are good conductors of heat and electricity and that the non-metals, such as sulfur, are good nonconductors and therefore good insulators.
5. While acupuncture appears most promising for treating chronic musculoskeletal pain, it is also being promoted as a treatment for other health problems, including alcoholism, and addiction to nicotine.

二、试用逆序法翻译下列句子。

1. 铝总是和其他元素结合在一起，最普遍的是和氧结合在一起，因为铝对氧有很强的亲和力。由于这个原因，在自然界中任何地方都找不到游离状态的铝；由此，铝一直到19世纪才为人们所知道。

2. 为了更好地理解物理学过程，为今后进一步学习打下牢固的基础，当你接触到物理学上的符号、公式、定义和定律时，不管它们多么复杂，你都必须牢牢记住。

3. 为什么爱因斯坦的理论最后震撼了整个科学界和思想界，这对大多数人来说是难以解释清楚的。

4. Most of what we know about the earth below the limited depth to which boreholes or mine shafts have penetrated has come from geophysical observations.

5. The engineer had flown in just the day before from Georgia where he had spent his vacation basking in Caucasian sun after the completion of the construction job in which he had been engaged in the South.

三、翻译下列句子，注意状语语序的调整。

1. 电子计算机能迅速而准确地进行各种运算。
2. 光以直线传播。
3. 实验将于明日在中心实验室进行。
4. A computer can store data as fast as they are gathered.
5. Every wire carrying an electric current has a magnetic field so long as the current flows.
6. It is necessary first to convert the chemical energy into heat by combustion for the purpose that useful work from the chemical energy stored in fuels might be produced.

四、翻译下列句子，注意定语语序的调整。

1. 沸腾着的水的温度是 100 摄氏度。
2. 这个句子没有什么不对的地方。
3. 各种可能的办法我都试过了。
4. The temperature inside is equal to the temperature outside.
5. The direct current is an electric current flowing in one direction only.
6. The force to change the motion of a body is proportional to the mass of the body.

五、翻译下列句子，注意倒装句型的调整。

1. 远洋轮船上有些机舱设备是自动控制的。
2. 化合物这种物质是由两种或更多种不同元素的原子构成的吗？
3. 斗争没有结束，也丝毫没有减弱。
4. 在论文中提出的是有关这一题目的新数据。
5. 在所有的货物中，有书、钢笔和其他东西。
6. 物体的质量越大，它在运动中产生的摩擦力就越大。

3.2.5 英语句式中常见的特殊句型及表达

3.2.5.1 英语中被动句的使用

汉语和英语都有主动语态和被动语态。汉语中被动语态用得较少,而科技英语中被动语态用得较多,其原因在于科技英语以叙述某一过程为主,句子的重点往往不在于"谁做",而在于"做什么"和"怎样做",这样就决定了动作的执行者处于"无关紧要"的地位。英语通常使用被动句的情况有以下几种:

1. 汉语中的无主语句

汉语中可以有无主语句,但英语中必须有主语,这种情况下,英语一般要选择被动句,汉语一般选择主动句。

例1 通常把电气工程分为强电工程和弱电工程。
译文 Electrical engineering is usually divided into heavy current engineering and light current engineering.

例2 为了利用原子能,必须对链式反应进行控制。
译文 In order to make use of atomic energy, chain reaction must be controlled.

例3 大量信息可以存储在计算机的存储装置中。
译文 Vast quantities of information can be stored in the memory unit of the computer.

例4 利用发电机,可以将机械能再转化成电能。
译文 The mechanical energy can be changed back into electrical energy by a generator.

例5 使用前,对刀具应做仔细的检查。
译文 Cutting tools should be inspected carefully prior to use.

例6 Disseminating cancer cell adipogenesis is evaluated in the immediate tumor surroundings.
译文 评估直接肿瘤环境中扩散癌细胞的脂肪形成。

2. 强调受事

英语中使用被动语态可以将受事置于句子的句首,以凸显信息的重心和讨论的焦点。汉语一般使用主动语态。

例1 在雇主收到并认可和履行担保以前，不确认或办理付款。

译文 No amount will be certified or paid until the Employer has received, approved and performed the Security.

例2 一位年轻的工程师设计了这种世界上最快的飞机。

译文 This kind of airplane, the fastest in the world, was designed by a young engineer.

例3 这场火灾是由机器发动机爆出的火花引起的。

译文 The fire was started by sparks from the engine of a machine.

例4 Smartphones are designed to keep apps open in the background.

译文 手机应用退出后会在后台继续运行。

3. 表达客观事实

科技英语在很多情况下要表达的是客观事实，至于谁来完成这一动作无关紧要，或者说无论谁来进行这一动作，其结果都是一样的。此种情况下，科技英语常使用被动语态。汉语一般使用主动语态。

例1 在发明电以前，人们靠油灯或蜡烛照明。

译文 Before electricity was invented, people depended on oil lamps or candles for lighting.

例2 大家都知道，氢是最轻的元素。

译文 Hydrogen is known to be the lightest element.

例3 高炉中，铁矿石和焦炭、石灰石一起在2 000摄氏度熔化。

译文 In the blast furnace the iron ore is melted at 2,000 degrees Centigrade, together with coke and limestone.

例4 意大利在7世纪的时候开始引进皮革鞣制的工艺。

译文 Leather tanning was first introduced in Italy in the seventh century.

例5 自从机床采用数控以来，生产率大大地提高了。

译文 Since numerical control was adopted at machine tools, the productivity has been raised greatly.

例6 Across the world people are marking the new year but celebrations are muted, with many countries wanting to discourage crowds gathering.

译文 在世界各地的人们静悄悄地庆祝新年之时，许多国家都致力于防止人群聚集。

4. 在 need、require、want 及 worth 之后用动名词的主动形式表示被动

例1 这台机器需要修理。
　　译文　The machine wants repairing.

例2 这些油田如果分布足够广就值得开采。
　　译文　These oil deposits will be worth exploiting on condition that they are extensive enough.

例3 原子反应堆需要冷却。
　　译文　An atomic reactor needs cooling.

例4 Real images of the entire brain activity need presenting to us through modern brain imaging technology.
　　译文　整个大脑活动的真实图像需要通过现代大脑成像技术为我们呈现。

5. 用动词词根加后缀 -able 或 -ible 构成表示被动的形容词

例1 沙砾土或沙土既容易压实，也容易排水。
　　译文　Gravel and sand are readily compactable and easy to drain.

例2 热是能的一种形式，其他一切能的形式都能转化为热能。
　　译文　Heat is a form of energy into which all other forms are convertible.

例3 Researchers have recently discovered that the ability of the atmosphere to self-purify is improvable by lightning.
　　译文　研究人员最近发现闪电可提高大气自我净化的能力。

　　在科技翻译中，一般情况下，汉语中出现的表示被动意义的词，如"被""由""让""给""受""遭""为……所"等，被译成英语时，译者首先要考虑使用被动语态。另外，汉语句子的主语表示泛指的"人们""大家"等，或在通知、公告、请帖中为了使语气更加婉转，或为了让前后文结构更加连贯，汉译英时，译者经常会使用被动语态。汉语句子为主动句形式。

例4 除了电压、电阻和电容以外，交流电还受电感的影响。
　　译文　Besides voltage, resistance and capacitance, an alternating current is also influenced by inductance.

例5 大家知道，金属，特别是铁，是工程方面的重要材料。
　　译文　The metal, iron in particular, is known to be an important material in

engineering.

例6 5G technologies have been utilized in more than 20 industries including marine, power grids, health care and manufacturing.

译文　5G 技术已被应用于海洋、电力网络、医疗及制造等 20 多个行业。

3.2.5.2 英语否定句

通常来说，一种语言以某种形式表达概念，在另一种语言中也用同一形式来表达。可是汉英两种语言中的否定概念，由于使用的词汇手段、语法手段以及语言逻辑有很大的差别，译者在翻译时往往需做相反处理；有时，汉语中的否定形式在英语译文中变成肯定形式；有时，汉语中的肯定形式在英语译文中又往往变成否定形式。译者必须掌握汉英两种语言表达习惯上的不同，否则译文就会不合规范，甚至与原文内容完全相反。

要正确处理这方面的问题，译者必须对英语中各种否定句型的形式和意义有正确的理解，否则很难准确表达汉语原文的意思。英语里表达否定，有全部否定与部分否定之分；也有的是字面结构为肯定句，但实际含有否定意义；还有双重否定。对此，译者均需辨别清楚。

1. 完全否定的表达方法

1) 用 not 否定谓语动词。

例1 塑料不导电。

译文　Plastics do not conduct electricity.

例2 纯金属是化学元素。也就是说，它们不能分解为其他物质。

译文　Pure metals are chemical elements. That is, they cannot be broken down into other substances.

例3 汽油机中最好的机器效率还没有超过 40%。

译文　The efficiency of the best of petrol engines has not exceeded 40%.

例4 The change in ownership will not impact Honor's development direction or the stability of its executive and talent teams, allowing the company to continuously consolidate its foundation for success.

译文　所有权的变化不会影响荣耀发展的方向，荣耀高层及团队将保持稳定，继续夯实荣耀成功的基石。

有时，汉语的否定不止针对谓语，但是被译成英语时，却要否定谓语。

例5 我们研究这一现象不是出于好奇。

　　译文 We do not study this phenomenon just out of curiosity.

2）用 no 否定名词（no 相当于 not any）。

例1 电子对我们来说并不陌生。

　　译文 Electrons are no strangers to us.

例2 至少在目前还没有办法利用聚变能。

　　译文 For the time being at least, there is no way to harness the energy of fusion.

例3 人们现已知道的任何材料都受不住几百万摄氏度的高温。

　　译文 No material known to man can withstand the temperatures of several million degrees Centigrade.

例4 There is no perfect experimental basis for using this new medical procedure in humans.

　　译文 在人类身上使用这种新的医疗程序还没有完美的试验依据。

3）用 nothing、nobody、neither、in no case、under no circumstances、on no account、never、nowhere、none 等词表示否定。

例1 这些金属的导电率都不及铜高。

　　译文 None of these metals have conductivity higher than copper.

例2 数学计算决不能看作绝对的和最终的。

　　译文 In no case should mathematical calculations be looked upon as absolute and final.

例3 从未有过那么多的人把抽象的数学应用于种类如此繁多的问题上。

　　译文 Never before have so many people applied such abstract mathematics to so great a variety of problems.

例4 However, quanta have never before been captured in a single image.

　　译文 但此前量子从未被捕捉到单一图像。

4）用连词 neither、nor 表示否定。

例1 无论化学或者物理学都无法解释这一事实。

　　译文 Neither chemistry nor physics can explain this fact.

例2 无论是言语还是文字都不能代替草图。

译文 Neither the spoken nor the written words can replace the sketch.

例3 在当今复杂的经济世界中，无论是个人还是国家都不是自给自足的。

译文 In today's complex economic world, neither individuals nor nations are self-sufficient.

例4 Neither sleep nor diet should be ignored by cancer patients.

译文 睡眠和饮食都是癌症病人不可忽视的问题。

5）选用带有否定前缀或后缀的词来表达否定。

否定前缀包括 ab-、dis-、in-、im-、il-、ir-、non-、un- 等；否定后缀有 -less、-free、-proof 等。

例1 常见的非金属是木头、砖、混凝土、橡胶和塑料。

译文 The common non-metals are wood, brick, concrete, rubber and plastics.

例2 我们一直未能把聚变的过程减慢到足以用于其他目的。

译文 We have been unable to slow down the process of fusion enough for any other purposes.

例3 在克服摩擦的过程中，能量转化成无用的热。

译文 In the process of overcoming friction, energy is converted into useless heat.

例4 在后面的步骤中，将向您演示如何回滚到该文件无错误的版本。

译文 In a later step, you are shown how to roll back to the error-free version of the file.

例5 Until now, scientists have been unable to get water droplets to produce a significant amount of power—but we may finally have a breakthrough.

译文 科学家到目前为止还不能利用水滴大量发电，但我们可能终于有所突破了。

2. 准否定句的表达

汉语准否定句经常含有"几乎没有""几乎不"这样的表达；英语中经常会用 hardly、seldom、few、little、scarcely 等词来表达这种准否定的意义。

例1 任何新发现在初始阶段几乎不会被人们所承认。

译文 Any new discovery was hardly ever accepted as true at the time when it was first made.

例2 什么是塑料？定义有很多种，但几乎没有真正令人满意的。

译文 What is plastic? There are many definitions, but few are really satisfactory.

例3 工程师所要使用的原料很少是以有用的形式出现的。

译文 The raw materials with which engineers work are seldom found in useful forms.

例4 从根本上说，他的修正主义几乎未对英国的利益造成一丝一毫的影响或损害。

译文 Ultimately, his revisionism scarcely affected or damaged British interests at all.

例5 Genetically edited foods were hardly understood by consumers.

译文 几乎没有消费者对转基因食品完全了解。

3. 部分否定的表达

部分否定表示否定一部分，英语中的部分否定通常由 all...not（不都是、不全是）、both...not（不都是、不全是）、each...not（并非每）、not...many（不多）、not...much（几乎没有）、not...often（不经常）、not...always（不要总是、别总是）等来表达。

例1 并非所有的同位素都可以这样制造。

译文 All isotopes cannot be manufactured in this way.

例2 并非所有的镜子都是平面的。

译文 All mirrors are not flat.

例3 这两台仪器并不都是精密的。

译文 Both the instruments are not precision ones.

例4 这里的机器并非每台都是我们厂制造的。

译文 Every machine here is not produced in our factory.

例5 每一代人都相信，他们生活在世界历史最关键的时刻。自然，并非每一代人都值得这种称号。

译文 Each generation has believed that it is living at one of the most crucial moments in the history of the world. Naturally, each generation does not deserve such a label.

例6 Not every researcher participated in the experimental work of the project.

译文 不是每位研究员都参与了该项目的实验工作。

4. 双重否定的表达

为了强调某一事实，汉语中往往会使用两个含有否定意义的词来表达肯定的意思。英语中，双重否定通常由 no...not (no)（没有……没有）、without...not（没有……就不）、not...until（直到……才）、never...without（每逢……总是）、no (not)...but（没有……不）、not (none)...the less（并不……就不）、not a little（大大地）、not...too...（越……越好）、no...other than（正是……）等来表达。

例1 事实上，现代理论在用来解释化学现象时不是没有严重缺陷的。
译文 In fact, no present theory is without serious defects when used to explain chemical phenomena.

例2 直到发现了还原铝的电解法之后，铝才能得以大规模地生产。
译文 Aluminum could not be produced on a large scale until the electrolytic process for its reduction has been discovered.

例3 自然界的一切都不是无缘无故发生的。
译文 Nothing happens in nature without a reason.

例4 热能每逢转化成某种能量时，总是有些损耗。
译文 Heat can never be converted into certain energy without something lost.

例5 Scientists didn't learn that injecting a replacement gene into cells in the retina could cure the ailment until gene therapy became available.
译文 直到基因疗法问世，科学家才了解到向视网膜中的细胞注入一种替代基因可以治愈疾病。

5. 意义上的否定表达

英语中有些单词或词组，虽然形式上是肯定的，但却表达了否定意义。常见的这类英语单词有：fail、absence、neglect、deficiency、avoidable、exclusively 等；常见的词组有：but for（如果没有）、in the dark（一点也不知道）、free from（没有、免于）、safe from（免于）、short of（缺少）、far from（远非、一点也不）、in vain（无效、徒然）、too...to (do)（过于/太……以至不）、but that（要不是、若非）、rather than（而不是）、instead of（而不是）、make light of（不把……当一回事）等。

例1 正是张应力使构件失去承载作用。

译文 It is the tensile stress that causes the component to fail in its load-carrying function.

例2 没有外力，物体不是保持静止，就是一直沿着直线匀速运动。

译文 In the absence of force, a body will either remain at rest or continue to move with a constant speed in a straight line.

例3 这个方程式一点也不复杂。

译文 This equation is far from being complicated.

例4 法拉这个单位太长，以致在无线电计算中不便采用。

译文 Farad is too large a unit to be used in radio calculation.

例5 Due to lack of funding, the research team is short of sufficient experimental samples.

译文 因为缺少资金，研究组缺少足够的实验样本。

6. 转移否定的表达

英语的否定分为一般否定和特指否定两种，前者指谓语部分的否定，而后者指的是谓语以外其他部分的否定。这和汉语的否定表达习惯存在较大的差别，翻译时，译者要认真理解汉语表达的含义，否则就会导致非常严重的后果。因此，译者应该对这种转移否定现象予以重视。

例1 各行星不是以匀速绕太阳运转。

译文 The planets do not go around the sun at a uniform speed.

上例中，汉语句子否定的是"匀速"，而不是"运转"；它被译成英语时，否定转移到谓语 go around，而"不是以匀速"被译为 uniform speed（匀速），从而通过否定的转移实现汉英语义的对等。

例2 在水星上没有发现大气层，因此可以肯定那里不存在生物。

译文 No atmosphere has been found on Mercury, and we can be fairly certain that none exists.

上例存在两处否定转移。第一处汉语谓语否定"没有发现"转移到英语主语 no atmosphere 上；第二处谓语否定"不存在"转移到英语从句的主语 none 上。

例3 The researchers didn't believe that the experiment is feasible.

　　译文　研究者认为实验是不可行的。

　　上例中，英文句子否定的是"认为"，在被翻译成汉语后，转移到汉语的"可行"上，实现了英汉语义的对等。

3.2.5.3　英语强调句型

　　汉语可以通过调整语序、重复，或使用表示强调的词语，如"正是""确实"等来强调所要强调的信息。英语可以通过调整语序、增加词语或使用某种句型来强调所要强调的成分，如主语、宾语、表语、状语等。

　　1. 通过调整语序达到强调的目的

　　句首是全句的强调部分，这在汉英两种语言中是相似的。在科技翻译中，译者可以把需要强调的成分置于句首。

例1　在这些零件中他们找不到任何缺点。（强调宾语）

　　译文　No defects did they find in these parts.

例2　无论如何，机器的输出功率绝不可能大于输入功率。（强调状语）

　　译文　Under no circumstances can more power be got out of machine than is put into it.

例3　特别令人感兴趣的是有关力对物体的形式和运动的影响的定律。（强调表语）

　　译文　Of special interest are the laws dealing with the effects of forces upon the form and motion of objects.

　　2. 谓语前加助动词 do、does 或 did

　　助动词 do、does 或 did 相当于汉语的副词"一定""千万""务必""确实""真的"等。谓语前加助动词用于强调谓语动作，加强句子语气。

例1　他们确实试用过各种方法来改进这台电动机的性能。

　　译文　They did try every means to improve the performance of the motor.

例2　一定要给零件上油，以减少摩擦。

　　译文　Do oil the parts so as to lessen friction.

例3　原子小得看不见，但确实存在。

　　译文　Atoms are too small to be seen, but they do exist.

3. 用代词 it 强调

这种句型的结构是 It is...that...，把要强调的部分（谓语动词以外的句子成分）放在 It is 之后；如果属于过去时，则用 It was；其后用 that，最后是句子的其余部分。

例1 正是地心引力使重物落向地面。（强调主语）

译文 　It is the force of gravity that makes heavy things fall toward the ground.

例2 就是从太阳那里我们得到了光和热。（强调状语）

译文 　It is from the sun that we get light and heat.

例3 正是科学家们经过无数次实验克服了这一困难。（强调主语）

译文 　It was scientists that overcame this difficulty through innumerable tests.

例4 工人们上星期试制的正是一种新工具。（强调宾语）

译文 　It was a new tool that the workers trial-produced last week.

如果被强调的是人，也可以用 who 代替 that，即可将例 3 中的 that 改为 who。

3.2.5.4 增减的表达

从事科技英语翻译工作，译者经常会跟数字打交道。英语中关于数量增减的表达有其固定的模式，也是很多科技翻译工作者经常会遇到的难题。英语中表示数量的增加，主要有以下几种方式：

1. A 是 B 的 n 倍

"A 是 B 的 n 倍"可被译为 A is n times as much as B，句中的 much 根据具体情况也可以被改为 great 或 large 等；is 也可被改为其他动词。

例1 质子的重量约是电子的 1 836 倍。

译文1 　The proton is about 1,836 times as heavy as the electron.

译文2 　The proton weighs about 1,836 times as much as the electron.

例2 该物质的反应速度是另一种物质反应速度的三倍。

译文 　This substance reacts three times as fast as the other.

例3 An exoplanet, called WASP-12b is about 1,200 light years from Earth and 1.4 times as much as the mass of Jupiter.

译文 　一颗名为 WASP-12b 的系外行星距离地球 1 200 光年，质量为木星的1.4倍。

2. A 比 B 大 n 倍

英语可用 A is (n+1) times + 比较级 + than B 或 A is (n+1) times as + 形容词原级 + as B 来表示这一含义。

例1 地球的体积比月球的体积约大 48 倍。
　　译文 The volume of the earth is about 49 times larger than that of the moon.

例2 这条线比那条线长一倍。
　　译文 This line is two times longer than that one.

例3 In triangle ABC, angle A is three times larger than angle B.
　　译文 三角形 ABC 中，角 A 比角 B 大两倍。

3. 增加几倍

动词可用 increase、go up、rise、grow、multiply 等，倍数可用 by n times 或 (n + 1) times 表示。

例1 汽缸内气体的体积增大五倍。
　　译文 The volume of gas in the cylinder increases six times / by five times.

例2 工业电子产品销售额增加了三倍。
　　译文 The sales of industrial electronic products have multiplied four times / by three times.

例3 If carefully maintained, this machine will have its woring life increased by five times.
　　译文 如果仔细保养，这台机器的使用寿命将会延长至原来的五倍（延长了四倍）。

4. 增加百分之……

译者可用 increase by...percent (%) 来表达这一含义。有时，increase 也可以被 go up、raise、rise 等替换来表达增长或提高。

例1 据发现，戴有护耳器的人，其个人工作效率提高了 7.5%。
　　译文 It was found that the personal efficiency of those wearing ear-defenders had increased by 7.5%.

例2 六月份产量增长了 0.9%。
　　译文 Industrial output rose by 0.9% in June.

例3 It is expected that the market size of Chinese AI development platforms will rise by 12.1% year-on-year in 2023.

译文 预计 2023 年中国人工智能开发平台市场规模将同比增长 12.1%。

例4 A computer simulation has suggested that global temperatures could rise by 1.4–3.0 ℃ above levels for late last century by 2050, the BBC reported.

译文 据英国广播公司报道，电脑模拟显示，到 2050 年，全球气温可能比上世纪末上升 1.4～3.0 摄氏度。

英语中表示数量的减少，主要有以下几种方式：

1. 减少百分之……

表示"减少百分之……"时，动词可用 reduce、fall、drop、decrease、lower 等，后接 by...percent（%）；也可用连系动词连接 ...less (than) 表示净减量，所减数字可照译。

例1 由于采用新技术，这个电路中的焊点数减少了 35%。

译文 With the adoption of the new techniques, the number of the soldered points in this circuit has decreased by 35%.

例2 这种工艺少用了 35% 的燃料。

译文 The process used 35% less fuel.

例3 The government official said the 2015 budget proposal was about 9 percent less than last year's.

译文 该政府官员宣称 2015 年的预算提案比去年（2014 年）减少了约 9%。

2. 表示"减少"的动词连接 by n times、n times、by a factor of n、n times ＋形容词或副词＋ as

用表示"减少"的动词连接 by n times、n times、by a factor of n、n times ＋形容词或副词＋ as，可表示减少了"n 分之（$n-1$）"或"减少到 n 分之一"。此外，汉语的分母不习惯用小数，倘若英语减少的倍数中有小数点，译者应将其换算成分数。

例1 这种新型热电式仪表的预热时间缩短了五分之四。

译文 The pre-heating time for the new type thermal meter is shortened five times.

例2 正在研制的设备将使误差概率减小到七分之一。

译文 The equipment under development will reduce the error probability by a factor of seven.

例3 The length of the process of the project has been reduced five times.

译文1 该项目的工期已经缩短了五分之四。

译文2 该项目的工期已经缩短至原计划的五分之一。

3. 减少至……

表示"减少至……"时，动词可用 reduce、fall、drop、decrease、lower 等，后接 to...。

例1 将物体冷却，我们可以把它的温度降到冰点。

译文 By cooling a substance, we can lower its temperature to the freezing point.

例2 这些电子器件的重量已经减少至 70%。

译文 The weight of these electronic components has decreased to 70%.

例3 The upgrade service for software users has been reduced to a few cents.

译文 软件用户的升级服务已经减少至几分钱。

练习 11

一、翻译下列句子，注意被动句的使用。

1. 采用这一新工艺，金属耗损降低为原来的 20%。
2. 处理放射性材料时必须注意安全。
3. 锦纶和涤纶是由化学物质制成的。
4. It is said that numerical control is the operation of machine tools by numbers.
5. Account should be taken of the low melting point of this substance.

二、翻译下列否定句，注意完全否定、准否定、部分否定、双重否定和转移否定句的用法。

1. 半导体材料既不是良导体，也不是好的绝缘体。
2. 这是否会造成直接危害目前还不得而知。
3. 在火力发电厂，燃料的化学能并未全部转化为热能。
4. 不是每次碰撞都能发生化学反应，因为许多分子不具有反应所需要的能量。
5. 如果水分不够，生理过程就无法正常运行。
6. It is impossible for heat to be converted into a certain energy without something lost.
7. Some oil wells produce nothing but salt water, while others always remain dry.
8. Atomic electric batteries can operate without being recharged for decades.
9. The free electrons usually do not move in a regular way.

三、试用英语强调句型翻译下列句子。

1. 采用参数放大器后，便降低了噪声数字。
2. 比这一元素本身更重要的是它的一些化合物。
3. 跟磁学原理有密切关系的是电学原理。
4. 不同的金属一定具有不同的导电性能。
5. 能穿透某些不透明材料的正是 X 射线。

四、试用增减句式翻译下列句子。

1. 今年的粮食产量约为去年的三倍。
2. 铁的重量几乎是铝的三倍。
3. 这项革新使效率提高了 45%。
4. The volume of an electric motor can be reduced by one third by using glass fiber as electric insulation.
5. The pressure will be reduced to one fourth of its original value.

3.3 篇章翻译技巧

篇章翻译不是单个句子翻译的机械相加,而是要建立在篇章(text)的基础上。篇章是由连贯的句子或语段所构成的表达整体概念的语义单位。它不只是一连串句子和段落的集合,而是指在认知方面具有连贯性、在内容方面具有整体性、在推理方面具有逻辑性、在信息方面具有凸显性、在交际方面具有意图性、在表达方面具有可接受性的一组彼此相互关联,同时又各司其职的不同句子的组合。这些意义相关的句子通过各种衔接手段形成一个有机结合的语义统一体。在做翻译时,译者要站在宏观的角度,着眼于全篇文章所传递的信息,从整体把握和理解原文。译者切忌逐词、逐句地翻译原文,而应在深入理解原文的基础上,注意文章内在的连贯和衔接,从而使译文脉络通畅、结构严密。

3.3.1 篇章分析与翻译

科技语篇的意图在于对自然现象和社会现象进行说明、解释、分析,提出观点、方法、程序或理论,或针对他人的观点、理论等进行评论,以表明自己的立场。科技语篇是实现信息沟通、扩散、交流和传播的文字工具和载体。科技语篇涉及自然和社会生活的诸多领域,信息非常丰富,种类又非常繁杂。

中国人喜欢"观物取象""得意忘象";喜欢书不尽言,言不尽意,让读者通过显性表达的"象"去意会,领悟其含义。篇章以含义衔接为主,其思维的连贯性可以从语段各个组成部分之间的层次关联中得以体现。而英美人长于形式逻辑、理性思维,喜欢把具体问题从总体中分离出来,划分为比较简单的形式和部分,然后逐步进行对比分析、归纳推理,最后得出结论。语篇衔接以修辞功能为主,其思维的连贯性主要由逻辑、时间和空间三种顺序来决定。英语的谋篇布局主要是以一个核心结构为中心,其他组成部分直接或间接地服务于这个核心结构;以形统神,丰满的形态变化制约句子的格局、规定句界,组合程式严谨、规范,形成核心结构控制各种关系的层次结构语篇。

不同的语言在语音、词汇、语法上都有一定的区别。汉语句短,英语句长。汉语无形态变化,英语有形态变化。汉语重意合,体现出一种含蓄美,行文过程中无须任何逻辑标记而逻辑自明,读者可心领神会。英语重形合,其核心信息往往被提至句首突出位置,汉译英时,译者就必须化隐为显,变含蓄为明示。两种语言内质方面存在的差异更是加大了科技翻译的难度。这似乎在科技文章的表达方面也有所体现。将重神、重意、重风骨、重凌虚且表达灵活多变的汉语转化为语法规范、逻辑严谨的英语，在词法、句法和语义等层面都存在诸多挑战。

例1 它在耗尽其巨大燃料箱中的大量液体燃料后不久，立刻达到轨道高度。

译文 It reached orbit height shortly after consuming the vast amount of liquid fuel contained in its huge tank.

上例中，句首是主位，述位在句末突出位置，中间穿插了状语成分。翻译时，译者应对汉语中主位在前、述位在后的顺序作必要的调整。

例2 目前，还没有可靠的根据认定其中某个方法比另外的方法优越。而且，情况很可能是这样的，即某一方法对于研究 CFD 使用的湍流模拟证明是最好的，而对于飞行器模型性能验证试验，另一个方法可能证明为最好。

译文 There is not at present a sound basis for selecting one approach over the others and it is possible that one approach may prove to be the best for research in connection with turbulence modeling for CFD, for example, while another approach may prove to be the best for performance verification tests for aircraft models.

此例译文透出地道的英文风格，这是因为选用了正确的句型。中文例句里的第一句话是一个表示"存在"的无主句，这是汉语特有的非主谓句，译文选用了 there be 句型来表达，符合英语的思维和表达习惯。中文例句里的第二个句子是一个长句，而且主语是"情况"这一笼统词；翻译时，译者往往把类似的词省去不译，因此选用了 it is possible that... 句型，it 作形式主语，that 引导的从句作真正的主语，间接表述了"情况"的意思。正是因为选用了合适的句型，译文才顺畅且达义。

例3 一项全球性的报告显示，按照目前的减少速度，昆虫可能在一个世纪内灭绝。

译文 Insects could vanish within a century at the current rate of decline, says a global review.

一般而言，汉语喜短不喜长，多用短句。英语喜长不喜短，多用长句。翻译上例时，译者用一个简单句就表达了完整的意思，把最重要的信息放在句首的突出位置。

例4 A power reactor has no need of oil, for the heat generated in the uranium pile is the result of nuclear fission, not of combustion.

译文 原子动力反应堆不需要油,因为铀堆中所产生的热是核裂变的结果,而不是燃烧的结果。

英文中,前后两个小句包含因果关系,译文中进行了相应的对译。此外,相对而言,英文比较忌讳名词性表达的重复;而汉语则允许这样的重复。原文中的 the result of nuclear fission, not of combustion 被翻译成了"是核裂变的结果,而不是燃烧的结果",译者充分照顾到了两种语言的差异性。

例5 In case of an oil-pump failure, the moving parts will become overheated.

译文 油泵失灵,运转部件就会过热。

英文中用了一个 In case of 引导的条件句,前后逻辑关系是显性化的。译者在翻译中做了省略处理,既不影响英文意思的传达,也符合汉语的意合特征。

例6 The result of the invention of the steam engine was that human power was replaced by mechanical power.

译文 蒸汽机发明的结果是机械力代替了人力。

总体而言,科技英文较多使用被动语态,如上例中的 human power was replaced by mechanical power;而汉语中,主动语态用得更为频繁,所以这里译者化被动为主动,将其译为"机械力代替了人力"。

练习 12

请根据汉英篇章分析与翻译的相关知识翻译下列句子。

1. 全球的汽车制造商都在争先恐后地开展共享服务,让中国的车主在不驾驶汽车时出租他们的汽车。

2. 联合国科学家警告说,海水淡化会产生大量带有化学物质的盐水,如果不加以处理,这种盐水就可能有污染食物链的风险。这个问题在中东和北非最为严重。全世界来源于能源密集型海水淡化工厂的污水中,有三分之二来自中东和北非。

3. 海水淡化是一种利用热量和压强使海水变得适合人类饮用的工业流程。据联合国估计,每生产 1 升饮用水,就会产生约 1.5 升被氯和铜污染的液体。

4. NASA 和其他机构希望建立一个月球基地,这将需要大量的基础设施和技术来完成多项任务,比如把月球上的水冰转化为火箭燃料。月球上也有宝贵的资源可供开采,具有多种用途。最终,月球基地可能会成为商业和政府活动的枢纽。

5. As oil is found deep in the ground, its presence cannot be determined by a study of the surface. Consequently, a geological survey of the underground rock structure must be carried out. If it is thought that the rocks in a certain area contain oil, a "drilling rig" is assembled.

6. Game theory is the science of strategy. It attempts to determine mathematically and logically the actions that "players" should take to secure the best outcomes for themselves in a wide array of "games". The games it studies range from chess to child rearing and from

tennis to takeovers. But the games all share the common feature of interdependence. That is, the outcome for each participant depends on the choices (strategies) of all. In so-called zero-sum games the interests of the players conflict totally, so that one person's gain always is another's loss. More typical are games with the potential for either mutual gain (positive sum) or mutual harm (negative sum), as well as some conflict.

7. The essence of a game is the interdependence of player strategies. There are two distinct types of strategic interdependence: sequential and simultaneous. In the former the players move in sequence, each aware of the others' previous actions. In the latter the players act at the same time, each ignorant of the others' actions.

3.3.2 语篇衔接

语篇作为语言的最高层次结构，是一个在一定语境下表示完整意义的语言单位。任何表意的语篇，都不是单个句子的随意堆砌，而是全段、全篇内部各个句子通过不同衔接手段的有机聚合。在语法和词汇上，衔接可以加强句子间的语义关系和连贯性。因此，语篇翻译的过程可以说是语篇衔接的识别和重构过程。

国内外许多学者对衔接所持观点不同。霍伊（Hoey）认为，衔接是篇章内句子里的某些词或语法特征，是能将该句与前后的句子连接起来的手段和方式。努南（Nunan）认为，衔接是篇章内标记不同句际关系的形式连接，是使作者或说话者建立跨越句子边界的关系，并使篇章内的句子扭结在一起的篇章构造手段。韩礼德（Halliday）认为，衔接指的是语篇中语言成分之间的语义关系，即语篇中一个成分的含义依赖另一个成分的解释。韩礼德和哈桑（Hasan）把衔接分为词汇衔接（lexical cohesion）和语法衔接（grammatical cohesion）两大类。常见的词汇衔接手段有重述（reiteration）和搭配（collocation）；常见的语法衔接手段主要有照应（reference）、省略（ellipsis）、替代（substitution）和连接（conjunction）。下面将分别从这些角度讨论科技语篇的翻译。

3.3.2.1 词汇衔接

按照韩礼德和哈桑的观点，词汇衔接关系可分为两大类：重述和搭配。重述指的是对语篇中前一项的重提，包括重复使用同一词项，也包括使用同义词、近义词、下义词或概括词；搭配指彼此之间有某种关系的词项在语篇中搭配出现或习惯性出现，包括互补词、反义词等。

1. 重述

科技语篇中，有些词语会重复出现，或用近义词、上义词、下义词、概括词等来实现上下文的衔接。翻译时，译者要考虑到这些词汇链，不能仅仅按照词典上的意思来翻译，必须结合科技语篇的语境，从语境的宏观角度来理解词义，利用同义衔接确定译文选词。

例1 一只圆球的曲率是球面的弯曲度。因此，球的体积愈大则其曲率愈小是普通常识。由此可知，地球的曲率必定小于月球的曲率。

译文 The curvature of a round ball is the degree to which the sphere of the ball is curved. It is therefore commonplace that the greater volume a ball has, the less curved its surface is, and it follows from this that the curvature of the earth is certainly smaller than that of the moon.

中文例句中,"曲率"反复出现,这在汉语中很常见,然而英语里有很多代词可以用来避免这种重复,译文用 that 来替代中文里的最后一个"曲率",这是英语句式表达的一个优势,此外这个 that 不可省略。

例2 爱丁堡外围艺术节始于1947年。刚开始是非官方的。当时,几个戏剧团体从世界各地赶来参加第一届爱丁堡国际艺术节,他们并没有接到邀请,所以只能在艺术节会场边上——即外围地区——的小楼里、教堂里或街上表演。第二年,独立的"外围艺术节"得以确立,并与国际艺术节同时举行。

译文 The Fringe Festival of Edinburgh has been running since 1947. It began unofficially, when several theater groups from around the world arrived, uninvited, at the first Edinburgh International Festival and performed in small buildings, churches and the streets on the festival's edges, or fringes. The following year the separate Fringe Festival was set up, to run in parallel with the International Arts Festival.

中文例句中,"会场边上"和"外围地区"构成同义衔接,翻译时,译者选用 edges 和 fringes 两个词语,与"外围艺术节"的翻译相呼应。

例3 However, even if prediction becomes possible, people who live in areas where earthquakes are a common occurrence will still have to do their best to prevent disasters by building structures that are resistant to ground movement and by being personally prepared.

译文 然而,即使有些地震可以预测,居住在地震频发区的人们还是应尽力预防灾难,办法是建造能够抗震的房屋,同时做好个人准备。

上例中,earthquake 和 ground movement 构成近义表达,因此译者把原文的 resistant to ground movement 译为"能够抗震"。

2. 搭配

英语中,词的搭配一般取决于两种要求:一是语义要求;二是习惯要求。词的搭配不同,语义必然不同,翻译时,必须引起充分注意。不同的词在句中作不同的成分,翻译时,译者要特别注意主谓搭配、动宾搭配及定语与中心词的搭配。

例1 另一项创新是使用可变几何形状布局,即机翼可有两个位置。

译文 Another innovation will be the use of variable geometry—the wings will have two positions.

有些词在汉语里可以构成主谓搭配,但如果被逐词翻译成英语的话,不符合英语的用词习惯,故而需要变换词语的词性,比如动词与名词的相互转换。在上例中,汉语原文里"使用"是动词,翻译时,译者用名词 the use 来表达这个意思,更符合英语的表达习惯。

例2 鲸鱼和鲨鱼的不同在于鲸鱼是哺乳动物,而鲨鱼是鱼类。

译文 A whale differs from a shark in that the former is a mammal whereas the latter is a fish.

上例中,"不同"指的是"一种事物和另一种事物在某些特征上有所不同",因此译文应选用 differ from,而不能选用 differ with,因为后者表示"与别人意见不合"。

例3 This paper presents a CAD method for increasing the printing speed and improving the printing quality.

译文 本文对提高打印速度和印刷质量提供了一种计算机辅助设计手段。

英语中,increase 可与 speed 搭配,通常不与 quality 搭配,"提高质量"可用 improve quality 来表达。而汉语中的"提高"搭配能力很强,如"提高速度""提高质量"等。

3.3.2.2 语法衔接

韩礼德和哈桑在1976年出版的《英语的衔接》一书中提出语法衔接有以下几种手段:照应、省略、替代、连接。这些衔接手段可以加强句子间的语义关系和连贯性。

1. 照应

照应是一种语义关系,指的是语篇中一个成分作为另一个成分的参照点,也就是语篇中一个语言成分与另一个可以与之相互解释的成分之间的关系。下面将分别讨论指称照应和人称照应。

1)指称照应。英语语篇的照应主要是通过不同指称实现的,指称词可以是实词等。例如,"I bought *Chinese Science & Technology Translators Journal*. The magazine interested me." 中的 *Chinese Science & Technology Translators Journal* 和 The magazine 就是指称照应词。此外,像 thing、object、case、affair 等通常表示笼统概念的词,也可以用来指代很多具体词。此外,上义词与下义词之间也经常互相指称,如 electrical device 和 fridge。

> **例1** The properties of alloys are much better than those of pure metals.
> **译文** 合金的性能要比纯金属的性能好得多。

上例中,原句中的 those 回指 properties,翻译时,译者将其直接翻译成所指代的名词"性能"。

> **例2** 2005年,关停污染严重、不符合产业政策的钢铁、水泥、铁合金、炼焦、造纸、纺织印染等企业2 600多家,并对水泥、电力、钢铁、造纸、化工等重污染行业积极开展综合治理和技术改造,使这些行业在产量逐年增加的情况下,主要污染物排放强度呈持续下降趋势。
> **译文** In 2005, over 2,600 enterprises including the iron and steel, cement, iron alloy, coking, paper-making and textile printing and dyeing industries were closed down for having caused serious environmental pollution and violated industrial policies. Problems of big industrial polluters such as cement, power, iron and steel, paper-making and chemicals were tackled in a comprehensive way, and technological transformation was carried out. As a result, the discharged amount of principal pollutants has kept declining, while the output of these sectors has increased year by year.

上例中,原文运用了衔接的照应手段。原文运用指示代词"这些"指代前面"水泥、电力、钢铁、造纸、化工"所表达的意义,属于回指照应。译文延续了原文的照应手段,使用指示代词 these 指代 cement, power, iron and steel, paper-making and chemicals 所表达的意义,进而紧紧把握具体语境,将语篇的浅层衔接转换为深层的语义连贯。与替代手段不同的是,照应是建立在语义层面上的;在照应关系中,指代成分和所指对象之间存在着语义上的一致性或认同关系,即 these 就是回指上文 cement, power, iron and steel, paper-making and chemicals 的语义。

2）人称照应。人称照应指的是通过使用人称代词（如 they、him、she、it）和物主代词（如 my、theirs、mine）实现上下文的照应。虽然这些词汇的句法功能不同，但是并不影响其衔接功能。科技英语里的句子结构有时候非常复杂，只有厘清人称照应的所指，译者才能正确理解句意。

例1 Electrical inventors who followed Edison did not have to experiment with the substances which he had found wouldn't work.

译文 爱迪生发现某些材料无效，这使继他之后的电器发明家们无须再对这些材料进行试验了。

上例中，原句中的人称照应词 he 的指代对象是 Edison。

例2 作为一个幅员辽阔的发展中国家，我们需要更多的汽车和卡车来改善不通火车的地方的运输情况。

译文 As ours is a developing country with vast territory, we (it/she) need(s) more cars and trucks to improve the conditions of transportation in places not served by trains.

汉语里，"我们"可以指代前面一个分句里的"发展中国家"，这是汉语特有的用法，然而在英语表达里，we 是人称代词，而国家是事物，不能照字直译，必须保证两个分句的人称前后一致，翻译时，译者不但要增加名词性物主代词 ours，表示"我们的国家"，而且要增加表示原因的连词 as，这样才能使译文表意清晰。如果把原文译为 As a developing country with vast territory, we need more cars and trucks...，前后人称就不一致了，这是汉译英时非常容易犯的错误。

2. 省略

省略是指用词项空缺的方式来达到上下文衔接的目的。汉英两种语言在思维方式、语言特征、文字结构、表达习惯上差异较大，若将汉语语句中的某些词语硬译成英文，可能会导致译文晦涩难懂或"译味十足"。因此，科技翻译不宜逐词对译，而应借助语境省略句中的某些成分。在不损失原意的情况下，删略冗词赘句、概念范畴类词语（如"任务""工作""情况""问题""状态"等）和过详的细节描述词语等。省略的原则是省词，但不省意。

例1 The elementary mechanical components of a machine are termed machine elements. These elements consist of three basic types: structural components, mechanisms, and control components.

译文 机器的基本机械构件称为机械零件，包括三种基本类型，即结构构件、机械装置和控制构件。

上例中，省略原文中重复出现的名词或与前文含义重复的同义名词，是为了使译文更加符合汉语的表达习惯和方式。

例2 Hydrogen is the lightest element with the atomic weight of 1.0008。

译文 氢是最轻的元素，原子量为 1.0008。

上例中，原句中的介词 with 在译文中省略不译。

例3 当加工一个工件时，工件转动，但刀具不转，刀具只在工件转动时进刀。

译文 When a workpiece is being machined, the workpiece turns, but the cutting tool doesn't; it only feeds as the workpiece is being turned.

上例中，译者将"工件转动"之后出现的"但刀具不转"里的相同动词"转"省略不译。下面的例 4 则直接删除了相应的重复部分，使英语语篇的线性思路得以凸显。

例4 While all mechanisms in a mechanical system are three dimensional, mechanisms can be analyzed using plane geometry.

译文 在机械系统中，所有机械装置都是三维结构，所以可以通过平面几何去分析。

上例运用了语法衔接的省略手段。译文直接省略了第二个 mechanisms，言简意赅。

3. 替代

汉语在字、词、句等不同层次上较多遵循平衡原则，英语在词或词组的层次上则多遵循经济原则。有时为了行文的需要或避免产生歧义，或是为了使语言表达更加富有表现力，汉语常重复使用某些关键词语。与之相反，避免重复则是英语修辞的一大特点。在科技文汉译英中，译者常使用较简短的语言形式替代原文中的某些词语，使得同一词语或句子成分不致重复出现，达到简练效果。最常见的替代就是动词性替代，如用 do 及其变形替代重复的动词。

例1 在任何情况下，功不包括时间，但功率却包括时间。

译文 In any case, work does not include time, but power does.

上例中，译者用 does 替代原文里的动词词组"包括时间"，使译文表达简洁、表意清晰。

例2 爱因斯坦第一个认为，光速是宇宙中最大的速度。

译文 Einstein first considered that the maximum speed in the universe is that of light.

上例中，译文用 that 替代原文名词"光速"里的"速"，既避免了与前面的 speed 重复，又符合英语的表达习惯。

例3 电灯泡是真空的，电子管也是真空的。

译文 An electric light bulb is a vacuum, and so is a radio tube.

上例中，so 替代主句中的 vacuum。

4. 连接

科技语篇叙述准确、推理严密、不带主观色彩，句子一般较长，修饰成分较多，一句话当中包含几个子句的现象十分普遍。翻译时，译者可将汉语短句化零为整，在译文中使用关系代词、关系副词等来表达汉语原文中的并列、连贯、递进或因果等关系。这样翻译出的译文更符合英语语言的表达习惯，逻辑严密、层次清晰、语篇连贯、脉络分明。

例1 从树和灌木的枝和叶我们就可以看出它们对环境的适应性，这种适应性使之能获得最大限度的光和空气。

译文 The stems and leaves of trees and shrubs show us the adaptation that enables a plant to get the maximum amount of light and air.

上例中，原文是两个短句，英译文用 that 引导的定语从句把原文的两个短句合并起来，避免了重复。

例2 海洋深处或湖泊、水潭底部的光照很弱，植物在那里只能吸收到微量阳光，甚至根本吸收不到阳光。

译文 Plants can only receive a minimum of or even no light in the depths of the sea or at the bottom of lakes and pools, since sunlight is weak or absent there.

汉语的意合重于形合，语篇的衔接往往不使用连接词。上例中，读者根据上下文的逻辑关系，可以领悟到原文的因果关系。而英语是形合重于意合，语篇中往往有体现逻辑关系的形态标记。因此，翻译时，译者要加上表示原因的连接词 since 来凸显前后的因果关系，这样才能使译文脉络清晰、晓畅明白。

例3 磁悬浮列车先是靠车轮滚动前进，达到一定时速就升离地面，而当其时速达到 106 英里时，车轮就收缩起来。

译文 Until the maglev train is moving fast enough to lift off, it rolls on wheels that retract as soon as the maglev hits 106 mph.

上例讲述磁悬浮列车的运行程序，汉语句子按事情发生的逻辑顺序叙述，英译时，译者需要破除原句结构的制约，重组译文，以使译文连贯流畅。

练习 13

翻译下列句子，注意语篇衔接。

1. 液体的形状总是随着容器的变化而变化，因为液体没有自己的固定形状。换言之，无论你把它放在什么样的容器中，它的形状总是和容器内壁的形状完全一样。

2. 试样可夹在具有同等硬度的工件之间，可镀层。当用注塑树脂时，可将树脂与矾土的浆料注入试样周围，试样被硬度相当的短小护壁、环状填料等包围。

3. 中国地质调查局副总工程师殷跃平说，1933 年，地震后一堰塞湖就曾垮坝，袭击了茂县，造成了更大的灾难。最后，他补充说，他们自地震后一直在监控着这些堰塞湖。

4. 那位电气工程师走进浴室用电动剃须刀很快地刮了脸。

5. 在美国，男女都参加工作，也都从事家务劳动。日本工人可能在工作单位劳动时间较长，但我们在估计人们的劳动强度和闲暇时间多少时，必须把全部劳动都计算在内。

6. 今天许多西方人认为中医疗法更加有效，因为中医治疗往往把病人的各种情况都考虑在内，而不只是就病治病。

7. 从本质上来说，中医医生要设法使人体中阴和阳这两种相互补足的力（宇宙间的一切事物中都存在这两种力）在机能上恢复平衡。

8. 熟铁几乎就是纯铁。熟铁在校办工厂里不太常见，因为其价格很高。熟铁好锻，很容易热弯和冷弯，还能够焊接。

9. 把一块炽热的钢坯或钢料放进一个刚刚能滑进去的直立圆形容器中，并用强力将一根冲杆几乎穿透钢坯或钢料，从而把钢料挤压到容器的内壁上，形成一个一端封闭的瓶形粗坯。

10. Think of it like driving on a highway, but without a speedometer in your car or a speed limit. What we've proposed is that your smartphones come fitted with a speedometer, with a measurement system which tells you how much sound you're getting and tells you if you are going over the limit.

11. Scientists say a genetic predisposition to perceiving the bitterness of particular substances appears to nudge us towards one beverage or the other.

12. Cargo insurance is to protect the trader from (various) losses that many dangers may cause.

13. Atomic cells are very small and very light as compared to ordinary dry cells.

14. As for the soul of man, the Eskimos do not claim to know exactly what it is...but then who does?

15. Salt dissolves in water, and so does sugar.

16. Glass does not conduct electricity, neither does the air.

17. At the center of the construction site stands a tower crane which is lifting the prefabricated elements and parts onto the frame of a high-rise building.

18. This is a model of an atom at the center of which is the nucleus. Revolving round it are the so-called planetary electrons, each of which has an orbit of its own and will never go into the adjacent orbits occupied by other electrons without any cause.

19. A stem-cell treatment put a London cancer patient's HIV into remission, marking the second such reported case and

reinvigorating efforts to cure the AIDS-causing infection that afflicts some 37 million people globally.

20. Holmes, a zealot who apparently believed so fervently in her vision that truth was just a matter of time. This is a Silicon Valley failing, which is why billions get invested on the promise of billions more being made—fake it till you make it, as the saying goes.

3.3.3 语篇连贯

语篇是一个在一定语境下表示完整意义的语言单位，语篇中的句子通过潜藏于表层之下的语义网络连接起来，这种语义网络就是句子的连贯。通常，连贯由概念和关系组成。概念是人们大脑中能够回想或激活的具有统一性和一致性的知识构型。常见的关系有时间关系、因果关系等。连贯这一决定语篇语义特征的重要因素在以语篇为基础的翻译活动中显得尤为重要，因为语篇翻译的目的就是要把源语语篇的语义内容，还有语篇的交际信息、文化内容、作品风格、文学意义、文学效果等更深层次的概念都尽可能地在译文里表达出来，这些都必须建立在对源语语篇理解的连贯性的基础上，同时译者还要进一步在译语语篇中重构这种连贯性。因此，语篇翻译的过程可以说就是连贯的识别和重构过程。翻译时，译者既要建立对原文的连贯性理解，又要在译文中重构这种连贯性。

语篇连贯是信息发出者与信息接收者的认知和知识结构的沟通。读者从语篇中获取信息并非仅靠对语言符号的破译，还需要调动大脑内储存的相关信息，主动地参与语篇的解释过程。要使语篇连贯，可以说有"一明一暗"两种方法："明"，即使用连贯标记（coherence marker）；"暗"，指信息的合理排列，是一种无标记的连贯。过渡性词汇是连贯标记的一种形式，常见的过渡词有：however、nevertheless、whereas、hence、thus、therefore、consequently、in fact、above all、in addition、in a word 等。下面将举例说明这两种连贯方法。

例1 有一种飞机的响声是完全不会被听错的。
　　译文 There is a certain airplane noise which is quite unmistakable.

上例中，译者在译文中加入一个关系代词 which，使汉语原文中隐含的定语以定语从句的形式凸显出来，更加符合英语的表达习惯。

例2 大多数人可能会觉得，把我们的宇宙比喻成一个无限的乌龟塔是十分荒谬可笑的。但我们凭什么自以为智高一筹呢？我们对宇宙了解多少，又是如何了解的呢？宇宙从何而来，又将去向何方？宇宙有开端吗？如果有，那么在开端之前，又发生了什么呢？时间的本质是什么？时间有没有尽头？物理学——部分由于奇妙的新技术的运用——最近出现很多突破；这些突破，很可能为上述长期悬而未决的问题提供答案。也许有朝一日，这些答案会变得像地球绕着太阳转一样明明白白，或者会像前面所说的乌龟塔一样，十分荒谬可笑。不管怎样，唯有时间，才能为我们作出解答。

> **译文** Most people would find the picture of our universe as an infinite tower of tortoises rather ridiculous, but why do we think we know better? What do we know about the universe and how do we know it? Where did the universe come from, and where is it going? Did the universe have a beginning, and if so, what happened before then? What is the nature of time? Will it ever come to an end? Recent breakthroughs in physics, made possible in part by fantastic new technologies, may suggest answers to some of these longstanding questions. Someday these answers may seem as obvious to us as the earth orbiting the sun—or perhaps as ridiculous as a tower of tortoises. Only time (whatever it may be) will tell.

因果关系是语义连贯最常见的一种语义连接手段。上例中，汉语原文先问后答，句子按逻辑顺序展开，先是原因或条件，后是结果。翻译时，译者也要把原文的逻辑关系再现出来，那么恰当准确的连接就显得非常必要了。为了使译文连贯，译者不能逐词、逐句地硬译。汉语重意合，短句多，被翻译成英语时，译者需要把意义相关的短句串起来，加上连接词，将其处理成长句。原文中，"我们对宇宙了解多少，又是如何了解的呢？宇宙从何而来，又将去向何方？"这两组句子可以被处理成两个并列句，分别用 and 来连接。汉语句子结构比较松散，主句与从句之间、从句与从句之间缺乏应有的连接，因此翻译时，译者要组织好各个分句，使译文脉络清楚。

> **例3** 亚伦·艾美是 Brilliant 公司的首席执行官，这个公司负责制造与 Alexa、谷歌助手和 Siri 联动的智能家居产品。他认为，"智能之家"中存在着不同品牌的照明开关、恒温器和摄像头，已经十分繁杂，因此虚拟助理应当相互协作而非对立。
>
> **译文** Aaron Emigh, chief executive of Brilliant, which makes smart home products that work with Alexa, Google Assistant and Siri, said it was critical for virtual assistants to work together, not against one another, because "the smart home" was already too complex, with products like light switches, thermostats and cameras coming from different brands.

汉语是曲线思维，上例中，原文短句多，重意合，逻辑关系隐含在字里行间，行文过程中无须任何逻辑标记而逻辑自明。此外，汉语常常把重点信息放在句末，汉译英时，译者则需化隐为显，变含蓄为明示。因此，译者把两个汉语句子转换成了一个很长的复合句，把原文介绍亚伦以及 Brilliant 公司的第一句话翻译成了同位语 chief executive of Brilliant，以及 which 引导的非限定性定语从句。由于原文第二句的主语和第一句的主语一致，因此译者把第二句话译成了一个宾语从句，在宾语从句里，补上了表示原因的连词 because，使译文保持了句子的连贯，同时实现了简洁、顺畅。

例4 The successful launching of China's first experimental communications satellite, which was propelled by a three-stage rocket and has been in operation ever since, indicates that our country has entered a new stage in the development of carrier rockets and electronics.

译文　中国已成功发射了第一颗实验通信卫星。这颗卫星是由三级火箭推动的，一直运转正常。它标志着我国在发展运载火箭和电子技术方面已进入一个新阶段。

上例中，英文为一个长句，里面内嵌非限定性定语从句和宾语从句，翻译时，译者要理顺原文的逻辑关系，将其灵活处理为汉语中的三个句子。

例5 A gas may be defined as a substance which remains homogeneous and the volume of which increases without limit, when the pressure on it continuously reduced, the temperature being maintained constant.

译文　气体是一种始终处于均匀状态的物质，当温度保持不变，而其所受的压力不断降低时，它的体积可以无限增大。

上例中，原句虽然不长，但包含两个由 which 引导的定语从句和一个由 when 引导的状语从句。翻译时，译者只有透彻理解原文，方可译得比较地道。

练习 14

一、翻译下列句子，注意语篇连贯。

1. 材料力学所要研究的主要问题在于获得作用于某一构件上的荷载与某种参数的关系——如拉应力、剪应力、弹性应变（即挠曲），以及应变能之间的关系。这种参数能够表现出引起构件丧失承载能力或作用的特征，或对其产生重要影响；构件的尺寸和大小也包括在这种关系中。

2. 无线运营商和芯片制造商都重点介绍了 5G 网络。这个新一代的蜂窝网络已于今年登陆少量城市，其速度之快，使得电子设备顷刻间就可以下载一整部电影。

3. And, as Carreyrou writes, when these employees suspected the device was not working—the results were being faked and the lives of patients were put at risk—they were fired, often escorted off the premises that very day by security personnel.

二、翻译下列段落或篇章，注意语篇连贯。

1. 太阳能电池是怎样工作的呢？当光子——带有能量的光粒子——撞击到某些经过特别制备的半导体材料层时，它们的能量使电子游离出来，然后这些电子开始流入连接的导线而形成电流。

   如今又薄又脆的光电池是用硅制成的。硅在地球上的储量仅次于氧。一个个电池安装在一块面板上，用导线连接起来，覆盖上通常用玻璃做的保护层。一个 7.6 厘米大小的标准电池产生的功率最多只有大约半瓦特。因而，至少需要 6 000 个电池才能满足一个美国家庭的用电需要（不包括取暖和冷气用电）。

2. 当一个物体失去支撑时,就要下落,因为重力把它朝地球中心吸引。任何从空中自由下落的物体以大约 9.8 米/秒^2 的加速度下落。换言之,重力所产生的加速度约为 9.8 米/秒^2。

当一个物体以高速降落时,空气的阻力会使这加速度略有改变。事实上,任一物体自由下落时——不管其下落的时间长短如何——都有一个最大速度。这个速度称为极限速度。极限速度取决于落体的形状及其相对密度。空气的阻力能使一个密度低的物体(如足球)比密度高的物体(如石头)下落的速度慢得多。

3. 最重要的金刚石是我们从未见过的那些金刚石,也就是工业用的金刚石。这些金刚石的价值在于它们的硬度,而不在于它们美观与否。其价值还在于它们有千百种用途。

金刚石可以用于制作高保真留声机的唱针。可以用来切割坚固的岩石以寻找石油。牙科医生也要用金刚石,常常把金刚石粉末粘贴在纸上或转轮上。其他金刚石轮子可以用来切割或抛光石块,以及用来切割各种发动机上的金属部件。最奇异的用途莫过于将金刚石做成拉丝模。那就是钻有许多细孔的金刚石板。当你把金属丝从这些小孔里拉出来以后,它就成了细丝。汽车、飞机、无线电、冰箱以及大多数电气设备,没有金刚石就无法生产出来。

4. 龙卷风摧毁一栋房子的方式和飓风不一样,不是把房子刮倒,而是使它爆炸。房子怎么会爆炸呢?原来房子的周围一直受到空气的压力。通常空气的压力大约是 101 325 帕。而房子内部的空气则以相等但相反的压力施加在墙壁上。当一阵龙卷风刮过一栋房子的上空时,就把房子周围的空气一下子吸走了。而房子内部的空气压力依然存在。既然房子的外部已经没有压力可以相抵,墙壁就轰的一声被从内部推倒了。房子的碎片被吸进龙卷风带走了。

原先矗立在那里的房子就荡然无存了。

5. 在当前的营养战争中，蛋白质已然成为最后一个"屹立不倒"的主要营养素。美国医生、公共健康学者、耶鲁-格里芬疾病预防研究中心主任大卫·L.凯兹说："最开始他们告诉我们要减少脂肪摄入，然而我们不吃全谷物食品和小扁豆，却吃上了低脂肪含量的垃圾食品。"之后，食品公司们听说了要减少碳水摄入量的消息，于是取而代之，又开始向我们出售富含蛋白质的垃圾食品。

近几十年来，人们倾向于从营养素的角度，而不是从食物实际整体所含成分之复杂的角度来考虑我们的饮食。正是各类饮食习惯的风潮以及精明的市场营销策略的结合使我们走到今天这般田地。无论我们是沉迷于"低脂"或者"低碳水"又或者"高蛋白"的概念——我们其实只是在以新的形式重复相同而老套的营养学错误。

6. 科学家发现，全球迅速变暖曾导致地球史上最大的一次灭绝事件。这场大规模集群灭绝也称"大灭绝"，它发生在大约 2.5 亿年前，标志着二叠纪地质时代的结束。这场大灭绝对于地球上的生命来说曾是一场最致命的灾难，严重程度甚至超过了 6 500 万年前恐龙的大灭绝。多达 96% 的海洋物种死亡，超过 2/3 的陆地物种消失。研究人员建立了一个模型来分析动物新陈代谢、海洋和气候条件的变化。他们发现，海洋动物根本上是由于海水变暖，缺乏生存所需的氧气而窒息死亡的。研究合著人之一、海洋学专家多伊奇说："这是我们第一次能这么确信，这场大灾难是怎么发生的。气温上升和氧气消耗是主要元凶，这是个非常有力的论点。"

在过去一个世纪里，全球变暖已经在世界各地引起了严重的热浪、洪水和野火。科学家警告说，除非立即彻底减少排放量，否则到

21世纪末，气温上升可能达到3℃或更高。

与此同时，由于栖息地的丧失、偷猎行为、环境污染和气候变化，地球上的物种正在经历着专家所命名的"第六次大灭绝"。玛丽华盛顿大学的古气候学家帕梅拉·格罗斯说："以史为鉴。这项研究明确强调了一种可能性，如果我们继续保持目前的排放速度，现今海洋物种的灭绝速度可能逼近二叠纪末期。"

7. The US is still out in front of global rivals when it comes to innovation, but American universities—where new ideas often percolate—have reason to look over their shoulder.

That's especially true for technologies like 5G phone networks and artificial intelligence. They're exactly the fields where President Donald Trump recently insisted the US has to lead—and also the ones where Asia, especially China, has caught up.

Universities from China get more patents than their US peers in wireless communications, according to the research firm GreyB Services. In AI, 17 of the top 20 universities and public research organizations are in China, with the Chinese Academy of Sciences topping the list, says the World Intellectual Property Organization in Geneva.

There's a special place for universities in the ecosystem of research. Universities groom future scientists and can be incubators for pie-in-the-sky ideas—some of which turn out to be game-changers. The list ranges from Google's search engine to DNA technology that's behind a whole industry of gene-manipulating treatments.

However, government grants to universities have been stagnant for more than a decade, meaning they've declined in real terms and as a share of the economy.

"If you look at the federal dollars, they've not really changed substantially," says Stephen Susalka, head of AUTM, a technology transfer association whose members include 800 universities. "Other countries are catching up. We can't sit on our laurels."

8. More than 1 billion young people risk damaging their hearing through excessive use of smartphones and other audio devices, the UN warned on Tuesday, proposing new safety standards for safe volume levels.

In a bid to safeguard hearing, the World Health Organization and International Telecommunications Union issued a non-binding international standard for the manufacture and use of audio devices.

Young people are particularly prone to risky listening habits. Around half of those between the ages of 12 and 35, or 1.1 billion people, are at risk due to "prolonged and excessive exposure to loud sounds, including music they listen to through personal audio devices", the UN health agency said.

Currently, about 5 percent of the global population, or some 466 million people, including 34 million children, suffer from disabling hearing loss. The WHO considers a volume above 85 decibels for 8 hours or 100 decibels for 15 minutes as unsafe. The WHO is calling for parental as well as automatic volume controls on audio devices to prevent dangerous use. While some smartphones and other audio devices have already offered some of these features, the UN would like to see a uniform standard used to help protect against disabling hearing loss.

9. Huawei Technologies Co. announced a smartphone that unfolds into a small tablet computer, potentially rendering the need to carry two separate devices obsolete. The Mate X supports next-generation 5G networks and will cost 2,299 euros ($2,606) when released in the summer of 2019. When folded, the Mate X has a 6.6-inch display; but when opened out, it becomes an 8-inch tablet computer. It's the second folding phone announced by a major manufacturer within a week. Samsung revealed the Galaxy Fold on Wednesday.

The market for smartphones is slowing, and manufacturers are scrambling to find new ways to convince consumers they should upgrade their devices. Next-generation high-speed networks are still far away from mainstream availability, so device makers are looking at new device form factors to conjure up excitement.

Huawei has been battling global scrutiny over its telecom equipment, but often overlooked is the company's rapid growth as a smartphone manufacturer. Last year it surpassed Apple to become the world's second-largest maker of smartphones, according to data from the market research firm IDC.

10. Insects could vanish within a century at the current rate of decline, says *Global Review*. The world's insects are hurtling down the path to extinction, threatening a "catastrophic collapse of nature's

ecosystems", according to the first global scientific review. More than 40% of insect species are declining and a third are endangered, the analysis found. The rate of extinction is eight times faster than that of mammals, birds and reptiles.

"It should be of huge concern to all of us, for insects are at the heart of every food web, they pollinate the large majority of plant species, keep the soil healthy, recycle nutrients, control pests, and much more. Love them or loathe them, we humans cannot survive without insects," said Prof. Dave Goulson at the University of Sussex in the UK.

The analysis, published in the journal *Biological Conservation*, says intensive agriculture is the main driver of the declines, particularly the heavy use of pesticides. Urbanization and climate change are also significant factors.

One of the biggest impacts of insect loss is on the many birds, reptiles, amphibians and fish that eat insects. A small number of adaptable species are increasing in number, but not nearly enough to outweigh the big losses.

Matt Shardlow, at the conservation charity Buglife, said: "It is gravely sobering to see this collation of evidence that demonstrates the pitiful state of the world's insect populations. It is increasingly obvious that the planet's ecology is breaking and there is a need for an intense and global effort to halt and reverse these dreadful trends."

11. Gliding silently through Alibaba Group Holding Ltd.'s futuristic

"FlyZoo" hotel, black disc-shaped robots about a meter in height deliver food and drop off fresh towels. The robots are part of a suite of high-tech tools that Alibaba says drastically cuts the hotel's cost of human labor and eliminates the need for guests to interact with other people.

Formally opened to the public last month, the 290-room FlyZoo is an incubator for technology Alibaba wants to sell to the hotel industry in the future and an opportunity to showcase its prowess in artificial intelligence. It is also an experiment that tests consumer comfort levels with unmanned commerce in China.

Inside the hotel, softly-lit white panelled walls bring to mind the interiors of Hollywood spaceships. Guests check in at podiums that scan their faces, as well as passports or other ID. Visitors with a Chinese national ID can scan their faces using their smartphones to check in ahead of time.

At the hotel's restaurant, taller capsule-shaped robots deliver food that guests have ordered via the FlyZoo app while at a separate bar, a large robotic arm can mix more than 20 different types of cocktails. Facial recognition cameras add charges to the room rate automatically.

The hotel does employ humans, though Alibaba declined to specify how many. This includes chefs and cleaners as well as reception staff, who will assist with conventional check-in procedures for guests unwilling to have their faces scanned and want to use electronic key cards.

12. More than 50 years after it jumped the species barrier and became one of the most devastating viruses to affect mankind, HIV remains a stubborn adversary. Treatment has improved dramatically over the past 20 years, but people who are infected will remain so for the rest of their lives, and must take one pill daily—at one time it was a cocktail of 30.

But now, as another World AIDS Day pulls into view, scientists are beginning to ask if the biggest breakthrough—an out-and-out cure for the tens of millions who have contracted the virus—could be in sight.

The excitement lies in research that is having some success in drawing the virus out of a latent stage so that it could be destroyed. The difficulty in dealing once and for all with HIV is that, unlike other viruses, HIV-infected cells are able to "hide" by entering a resting phase that makes them invisible to our immune system and current treatment therapies.

The deadliness of the disease in some regions, the tremendous expense and the pressure on patients, means that a cure remains an important goal. There are a number of different approaches currently being studied.

One approach, often named the "kick and kill" or "shock and kill", aims to kick the resting cells out of their sleep so they can be pinpointed and eliminated.

Sarah Fidler, professor of HIV medicine at Imperial College London, who recently led a major study testing the efficacy of the "kick and kill" method said: "The idea is to reactivate the latent cells so they start producing the proteins on their surface and look different from healthy cells. We would do this with some kind of drug, which is what we're in the process of determining."

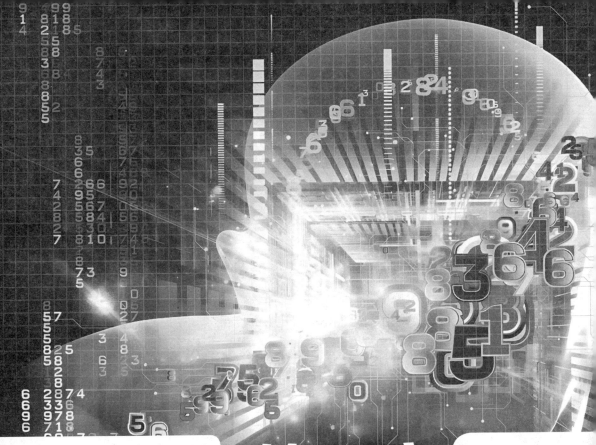

第4章
科技论文翻译

随着互联网技术和现代科技的发展，科技论文已经成为人们进行理论研究、了解当前科技发展状况、实现信息传递的重要工具。特别是处于全球化背景下，我国越来越多的优秀科技论文进入世界名刊；与越来越多的国外科技论文一样，我国的科技论文已经成为国际信息传播和科研的重要构成。因此，科技论文译写质量至关重要。本章拟从科技论文的标题、摘要、篇章三个维度来探讨科技论文翻译。

4.1 科技论文标题翻译

标题通常被称作文章的"题眼"，是文章精要内容的提炼、概括及浓缩。常言道："看书先看皮，看报先看题。"由此可见好的标题对于一篇文章的重要性。科技论文注重科学性、逻辑性、严密性、准确性，其标题文字要力求精练、准确、醒目。为使标题能起到言简意赅（saying a lot in a small space）的作用，在翻译过程中，译者需要理顺层次，既要注意把原标题的意义完整、准确地表达出来，又要使之通俗易懂，符合英语行文习惯。曹杨、赵硕发表在《外语教学》上的《科技论文标题的结构和语言特征——以 Science 和 Nature 为例》一文，基于赫根（Haggen）和索勒（Soler）的分类标准，将英语标题的表层结构分为以下三类：

1. 短语结构标题
短语结构标题主要包括以下四类：
1）名词短语 + 介词短语标题：由名词短语和介词短语构成，如"Positive Selection of Tyrosine Loss in Metazoan Evolution""The Global Atmospheric Circulation on Moist Isentropes"。
2）名词短语 + 名词短语标题：由一个或多个并列的名词短语构成，如"A New Mixing Diagnostic and Gulf Oil Spill Movement""Atmospheric Blocking and Atlantic Multidecadal Ocean Variability"。
3）分词短语标题：由动词的现在分词短语构成，如"Optimizing Influenza Vaccine Distribution""Testing the Speed of Spooky Action at a Distance"。
4）介词短语标题：标题的首个单词是介词，如"On Universality in Human Correspondence Activity""On the Spontaneous Emergence of Cell Polarity"。

2. 完整句子结构标题
完整句子结构标题指从语法角度讲符合句子构成的标题，如"Heavy Livestock Grazing Promotes Locust Outbreaks by Lowering Plant Nitrogen Content""Drosophila Centromeric Histone H3 (CENH3) Is Sufficient for

Centromere Formation"。

3. 复合型结构标题

复合型结构标题指由冒号或破折号等标点符号将主、副标题连接在一起的标题，如"Gas Disks to Gas Giants: Stimulating the Birth of Planetary Systems"。

曹阳和赵硕关于《科学》(Science)和《自然》(Nature)期刊文章标题写法的分类，对于汉语科技论文标题的翻译具有较强的指导意义。张新民、王妍炜等学者则对科技论文标题翻译作了较为系统、深入的分析。一般而言，科技论文标题可以按照以下注意事项和原则进行翻译：

1. 科技论文标题书写要规范

标题的书写形式有三种：（1）全部大写；（2）实词首字母大写，虚词小写；（3）第一个词的首字母大写，其余小写。第二种情况中，虚词通常指冠词、介词、连词，如 a、the、in、at、to、of、for、and、but 等；如果虚词位于首位，则首字母也要大写。此外，虚词大于、等于五个字母时，首字母也要大写，如 among、between、through。如果标题中出现带有连字符的复合词，则其中虚词常小写，实词的首字母大写，如"A Steam Turbine-Generator""Turn-to-Turn Short Circuit"。如果首字母缩写词出现在题目中，则缩写词内所有字母皆大写，如"IEEE = Institute of Electrical and Electronics Engineers""DC = Direct Current"。

2. 标题不宜过长

一般标题的长度以不超过 10 个单词为宜，如《电站锅炉汽包热应力的产生及控制》("Producing & Control of Steam Drum Thermal Stress of Power Boiler")，太长的标题使人感觉拖沓冗长，失去了论文应有的简洁性，而且读者也不易抓住重点。

3. 标题中含有专业术语的缩略语

翻译时，译者不应直接使用其英文字母缩写，而应先用英文全拼，然后再注明其缩写，如《三峡梯级水电站自动发电控制的研究》("Research on Automatic Generation Control (AGC) in Three Georges Cascaded Hydropower Plant")。

科技论文标题在汉译英过程中有以下常见的翻译方法：

1. 译成名词短语

例1 《齿刀是怎样演变成齿轮滚刀的》

译文 Transformation from Rack-Type Gear Cutter into Gear Hobber

上例标题看上去是一疑问句，但若译成句子，标题会显得冗长、不够醒目，译成名词短语不仅能把标题含义道出，而且使标题非常精练，重点也很突出。

例2《高等专科学校应有一套实用的英语教材》
　　译文 A Great Demand for a Set of Practical English Textbooks in Colleges
例3《转换企业经营机制必须改革干部人事制度》
　　译文 The Necessity of Reforming the Cadre System for Shifting the Business Management Mode

例2和例3两个标题如照汉语字面之意逐字译成句子，标题会过长。译者分别用"A Great Demand…"和"The Necessity…"，使标题简洁、醒目。

2. 译成动名词短语

例1《空气等离子水再压缩弧切割不锈钢》
　　译文 Cutting Stainless Steel by Recompression of the Arc with Air Plasma Water
例2《用数理统计方法预测矿石体重值》
　　译文 Predicting Ore Weight by Means of Mathematical Statistics
例3《用复变函数法求解电力线与等势线方程》
　　译文 Solving the Equation of Electric Fluxlines and Equipotential Lines by Complex Function

用动名词短语翻译科技论文标题是常见的方式之一，这样能使标题简单明了，既完整、准确地表达了原标题意义，又符合英文表达习惯。

3. 译成介词短语

例1《浅谈新城金矿床围岩蚀变与金矿化的关系》
　　译文 On the Relation Between Alteration of Surrounding Rock and Gold Mineralization in the Xincheng Gold Ore Deposit
例2《略论矿山地质专业测量学的教学改革》
　　译文 On the Reform in Teaching of Surveying in Mine Geology
例3《浅谈多媒体技术》
　　译文 About Multimedia Techniques

介词 on 和 about 用来指明论题,常用于标题,意为"论……""浅谈……""初探……"等,使标题明了、醒目。

4. 译成不定式短语

例1 《怎样提高学生的实践能力》
  译文 How to Improve the Students' Practical Ability

例2 《科研如何迈开第一步》
  译文 How to Make the First Step in Scientific Researches

例3 《培养和提高学生使用计算机的能力》
  译文 To Cultivate and Improve the Students' Abilities for Operating Computers

科技论文标题在英译汉过程中有以下常见的翻译方法:

1. 译为名词

例1 Post-Pandemic Renewable Energy Development in Sub-Saharan Africa
  译文 《疫情后撒哈拉以南非洲的可再生能源开发》

例2 Calibration of Safety Factors for Prestressed Stayed Steel Columns
  译文 《预应力钢柱的安全系数校核》

原文中的名词结构被直译为名词结构,译文简洁明了。

2. 译为动词

例1 Investigating the Effects of Renewable Energy on International Trade and Environmental Quality
  译文 《研究可再生能源对国际贸易和环境质量的影响》

原文中的动名词被翻译成动词,译文更加清晰明了。

例2 On the Probabilistic Representation of the Wind Climate for Calibration of Structural Design Standards
  译文 《论用于校准结构设计标准的风气候概率表示方法》

介词 on 用于标题时，常常被译为以下动词，如"论……""浅谈……""浅析……""初探……"等，这样的译文更符合汉语的表达习惯。

3. 译为完整句子

例1 Crossword Puzzles as Learning Tools in Introductory Soil Science
译文 《填字游戏作为学习工具辅助入门土壤科学》

例2 How to Control the Flow of Liquids by Robotic Systems
译文 《怎样运用机器人系统控制液体流动》

练习 1

一、将下列标题翻译成英文。

1. 《大直径引水隧洞上、下弯段混凝土衬砌钢排架模板施工技术》
2. 《长河坝水电站高边坡开挖施工成型质量控制》
3. 《碾压混凝土施工质量评价指标及其影响因素分析》
4. 《堆石坝趾板混凝土施工质量控制》
5. 《导流洞进出口围堰拆除爆破技术》
6. 《沙沱水电站抗滑体及抗剪洞开挖爆破振动控制技术》
7. 《向家坝水电站二期纵向围堰混凝土爆破拆除施工》
8. 《磨细石粉与不合格粉煤灰混掺在碾压混凝土中应用初步研究》
9. 《墙壁开洞爆破技术》
10. 《低浓度 SO_2 烟气的综合治理》

二、将下列标题翻译成中文。

1. Extreme Ultra-Reliable and Low-Latency Communication
2. Low-Resistance Metal Contacts to Encapsulated Semiconductor Monolayers with Long Transfer Length
3. Post-Pandemic Emerging Technology Adoption: How Different Should It Be?
4. An Experimental Study on Strength and Durability Properties of Concrete with Partial Replacement of Aggregate with Ferrochrome Slag
5. Stability of Landscape Trees in Engineered and Conventional Urban Soil Mixes

6. Application of Factorial Design for the Development of Site Specific Systems in the Management of Ulcerative Colitis
7. Simultaneous Observations of SiO and H_2O Masers Toward Known Stellar H_2O Maser Sources
8. Environmental and Economic Impact of Employing Solar Chimney and Photovoltaic Cells in Buildings with Various Climates
9. A Study of Microstructural Models of Li-doped ZnO Ceramic for Piezoelectric Application
10. The Potential Impact of Nanomedicine on COVID-19-induced Thrombosis

4.2 科技论文摘要翻译

科技论文摘要是科技论文内容的高度概括，它以极其洗练的语言对文章的研究目的、研究内容和方法、研究结果和结论加以客观叙述，以便读者在不参看原文的情况下就能基本了解论文。朱建祥、赵海燕等从不同角度对科技论文摘要进行了探讨。一般而言，科技论文摘要翻译需要关注以下几个方面：

1. 名词化结构

名词化是把动词或形容词变成名词，使之具有名词功能，又保留动词或形容词的某些主要特征。动词化名词词尾多为 -ment、-tion、-ance、-al 等；有些动词本身也可作同义名词，如 research、conduct、control 等；对于不属于上述两类情况的动词，可以通过加 -ing 将其名词化。名词化中心词与介词短语等形成的结构叫名词化结构。就动词的名词化而言，名词化结构可分为动词派生的名词化结构和动名词名词化结构，在句中可以作主语、宾语、补语等。名词化结构在语法上是一个句子成分，在语义上是一个句子。翻译摘要时，为了简化句子结构，译者常使用名词化结构，从而使原来需要两个小句表达的内容用一个简单句表达出来。

例1 如果使用这种施工方法，生产效率将会大幅度提高。
  译文 The application of this construction method will increase the production efficiency greatly. (= If this construction method is applied, it will increase the production efficiency greatly.)

例2 乙方不能如期交工，甲方将会提出索赔。
  译文 Failure to finish the works in time will result in claim by the employer. (= If the contractor fails to finish the works in time, the employer will make a claim against him.)

科技英语文体常常采用名词化结构，可以使句子变得简洁明快，同时又不失准确和严谨。在英译汉的过程中，译者需要将名词化结构译为句子，可将其译为定语从句或状语从句，使之更符合汉语的表达习惯。

例3 Failure to recognize the USB drive makes its data inaccessible.
  译文 如果无法识别 USB 驱动器，那么您将无法访问其数据。

例4 The insertion of a permanent magnet into the coil makes the meter register a momentary current.

译文 如果将永磁体插入线圈，仪表就会记录瞬时电流。

2. 句子的完整性

简洁是论文摘要的重要特征。为了能够言简意赅地说明文章主旨，在汉语论文摘要中，无主句比比皆是。这在汉语中属于正常现象，因为汉语论文摘要多用主动语态行文，省去的主语一般是"本文""文章""作者"等词，不会影响读者理解。英语译文必须使用完整句，因为科技英语多用被动语态行文，句子主语往往是相应汉语句的宾语，内容因句而异，无法省略。此外，科技英语中，若不是修辞需要，一般不用无主句，因为无主句结构不完备，有悖于科技文体的正式性。

例1 研究双掺粉煤灰和硅粉混合材料的高性能强度混凝土的力学性能。

译文1 The mechanical properties of high performance and strength concrete mixed by flyash and ganister sand are studied.

上例译文采用了被动语态，不受汉语缺失主语的影响。如果译者采用主动语态翻译，只有补上主语"本文"，才能译出下面的完整句子：

译文2 The paper studies the mechanical properties of high performance and strength concrete mixed by flyash and ganister sand.

在英语科技论文摘要中，英语句子均有明确的主语，句式完整，注重语言形式，而汉语则不然。社会科学论文摘要往往以"本文""笔者"等开头，动词往往是"论述了""针对""研究了""分析了"等，而自然科学论文摘要往往省去"本文""笔者"等字样，"针对……""研究了……""分析了……"这样的无主句形式较为常见。在进行英译汉时，译者必须考虑英汉两种语言的差异，有时可将英语译成汉语无主句。

例2 It is proved that the individual risk model is also a compound binomial model.

译文 证明了个体风险模型也是一个复合二项模型。

例3 The formulas on the calculation of the optimal parameters are given.

译文 给出了最优参数的计算公式。

例4 This research provides evidence that certain tree species planted in conventional tree pits may be more prone to uprooting due to poor root development and that root anchorage might be improved for these species by utilizing a skeletal soil mix.

译文 这项研究提供的证据表明，在常规树坑中种植的某些树种可能更容易因根系发育不良而被连根拔起，而利用骨架土混合物可能会改善这些树种的根系锚固。

3. 时态与语态

科技论文摘要是对论文内容的高度概括，用一般现在时行文，能够突出文章内容的即时性和客观性。有时，为了便于说明论题的发展背景，作者也可采用过去时或现在完成时。一般现在时用得最为广泛，这一时态主要用于陈述性、资料性摘要中，介绍的是研究目的、内容、结果、结论等客观事实。现在完成时用来说明论题的发展背景，表示已取得的成果、已完成的工作或已结束的研究项目。一般过去时主要用于说明某一具体项目的发展情况，介绍已进行的研究、实验、观察、调查、医疗等过程。

例1 本文论述了真空物理中的几个重要问题。

译文 In this paper, some discussions on several important issues of vacuum physics are presented.

例2 通过调查，文章指出 20 世纪最后 10 年，中国房地产业发展迅速。

译文 After some investigation has been made, the paper points out that the last decade of the 20th century was an era of rapid development in the real estate industry in China.

论文摘要中多为事实、方法和结论，客观准确，信息量大。使用人称代词，尤其是第一、第二人称，或用主动语态行文，容易造成主观臆断的印象。此外，主动语态在结构上不利于句子扩展，表达内容有限，重点不够突出。要克服上述不足，需借助被动语态。被动语态能够避免提及有关动作的执行者，使行文显得客观；同时，还能够使句子在结构上有较大的调节余地，有利于采用必要的修辞手段，扩展名词短语，使用名词化结构，扩大句子的信息量。重要的概念、问题、事实、结论等位于句首，重点突出，便于读者阅读理解。

一般情况下，英语动词的被动语态可以被译为汉语的主动语态或者加上介词"被""为""给"等来表示被动的概念。科技论文英文摘要中的被动语态被译为汉语的主动语态时，句子在逻辑上的主语仍然是"本文"或"笔者"。由于各种学术期刊的具体规定或出于论文摘要客观化的需要，译者往往略去"本文""笔者"等字样。这样一来，整个句子就是一个无主句。

例3 A solution for including the uncertainty affecting these values is suggested. The findings are implemented in an illustrative calibration exercise.

译文 提出了一种包括影响这些值的不确定性的解决方案。这些发现是在一个说明性校准练习中实现的。

例4 Regression lines predicting this overall environmental concern variable were drawn from each of the latent Big Five trait factors.

译文 从每一个潜在的五大特征因素中提取回归线，预测这一整体环境关注变量。

练习 2

一、将下列摘要翻译成英文。

1. 采自内蒙古固阳盆地早白垩世地层的红豆杉属化石形态保存完整，但叶的角质层保存不佳。用几种不同的实验方法对当前化石叶的表皮特征进行了探索性研究。实验结果表明，仅方法Ⅳ成功地获得了较清晰的表皮构造特征，为该化石的分类鉴定提供了重要的微观构造特征。具体实验步骤如下：先对化石表面进行恰当的化学处理，清除化石表面的杂质、矿物等，仅在岩石表面留下叶化石的印痕，再利用扫描电镜进行观察。该方法弥补了当植物化石角质层缺失或保存不佳时，通过传统的角质层分析方法无法获得表皮特征的缺陷，为研究植物化石的微细构造提供了新的方法和途径。

2. 永磁同步电机齿槽转矩的存在、低速反电动势难以检测以及检测算法的复杂性，导致现有转子初始位置检测普遍存在一定误差。为了减小转子位置检测误差，提出了一种基于调整 d 轴电压校正转子初始位置的方法，借助永磁同步电机数学模型，对该方法进行了深入的理论分析，利用 Matlab/Simulink 建立了仿真模型，验证了该方法的可行性。并进一步搭建实验平台，实验结果表明该方法能够有效校正永磁电机转子初始位置，实现了永磁同步电机控制系统的可靠、稳定运行。

3. 通过注浆能较好地解决开挖后巷道修复和长期稳定的问题，然而注浆参数的确定往往需要借助工程类比。为探索注浆浆液扩散过程和注浆位置、注浆压力之间的关系，采用数值模拟软件 UEDC 对不同的注浆位置以及注浆压力进行了数值模拟分析。通过注浆数值模拟试验，分析了注浆孔位置和注浆压力等因素对浆液扩散半径的影响规律,并将模拟试验结果应用于巷道注浆工程设计与施工中。结果表明:浆液扩散的形状随注浆位置的变化而变化;注浆压力对浆液扩散面积有一定影响。调压注浆是提高注浆效果的有效措施。

4. 为了验证冷却系统换热分析精度,建立冷却系统换热分析模型。通过发舱 CFD 分析及发动机台架热平衡试验确定系统建模边界,以冷却系统管路模型建立一维换热分析模型,进行典型工况下的冷却系统分析,并将温度结果与整车风洞试验温度数据对比,验证分析的精确度,明确换热分析在冷却系统开发中的意义。通过计算温度与试验数据对比可知,仿真结果与试验数据较接近,说明冷却系统换热分析具有较高的精确度,可以应用于整车冷却系统开发过程中。

二、将下列摘要翻译成中文。

1. There is a paradigm shift from general-purpose cores to specialized hardware, which has vastly different programming models. It will be helpful if the existing programming model can be kept and new hardware can co-exist and cooperate with existing user space software. A virtual cache coherence protocol can be helpful for such task, allowing individual components to perform virtual address accesses without having to include their own hardware for address translation and memory protection. This thesis presents such a protocol, together with tooling and hardware infrastructure that are developed in the process of creating it.

2. Extensive reports of pulmonary embolisms, ischaemic stroke and myocardial infarctions caused by coronavirus disease 2019 (COVID-19), as well as a significantly increased long-term risk of cardiovascular diseases in COVID-19 survivors, have highlighted

severe deficiencies in our understanding of thromboinflammation and the need for new therapeutic options. Due to the complexity of the immunothrombosis pathophysiology, the efficacy of treatment with conventional anti-thrombotic medication is questioned. Thrombolytics do appear efficacious, but are hindered by severe bleeding risks, limiting their use. Nanomedicine can have profound impact in this context, protecting delicate (bio)pharmaceuticals from degradation en route and enabling delivery in a targeted and on demand manner. We provide an overview of the most promising nanocarrier systems and design strategies that may be adapted to develop nanomedicine for COVID-19-induced thromboinflammation, including dual-therapeutic approaches with antiviral and immunosuppressants. Resultant targeted and side-effect-free treatment may aid greatly in the fight against the ongoing COVID-19 pandemic.

3. Since the primordial perturbations were produced in the highly energetic early universe, they can in principle be used to distinguish between different quantum gravity models. It is therefore essential to develop methods of deriving their statistics from specific features of the models. This thesis focuses on the cosmological bootstrap, a research program that attempts to derive features of cosmological fluctuations from simple physical principles expected to be satisfied in the early universe. I study the effect of background curvature on standard soft theorems and its impact on observables in the context of the effective field theory (EFT) of inflation. I extend flat spacetime bootstrap methods to settings where the boost symmetry is violated. I also employ several well-known cosmological

bootstrap methods to constrain graviton correlators at the end of inflation.

4. In this study, we evaluated the stability of two tree species of contrasting soil quality tolerance (*P. serrulata* and *U. parvifolia*) after three years growth in two skeletal soil mixes, in a suspended pavement design (uncompacted soil), and in a conventionally prepared soil pit. Tree stability was evaluated by measuring trunk resistance to a lateral deflecting force applied with a rope winch system under both ambient and near-saturated soil conditions. Although heavily irrigating the experimental soils had no effect on tree stability, species-specific responses to soil mixes were observed. *P. serrulata* grown in the gravel-based skeletal soil showed greater trunk deflection resistance than trees grown in the other soil treatments, yet the stability of *U. parvifolia* was unaffected by soil type. These species-specific responses were consistent with earlier observations of root development in which *P. serrulata* grew up to 60 times greater root length in gravel-based skeletal soil whereas *U. parvifolia* root growth was similar in all soil treatments. This research provides evidence that certain tree species planted in conventional tree pits may be more prone to uprooting due to poor root development and that root anchorage might be improved for these species by utilizing a skeletal soil mix.

4.3 科技论文篇章翻译

一般而言，专业科技语体并不需要华丽的语言和刻意渲染的气氛。为了体现科学性、准确性和抽象性等风格特点，科技语体主要运用定义、分类、比较、说明、举例等方法。科技文章的特点主要是概念准确、结构严谨、逻辑性强、重点突出。

科技语篇与文学语篇迥然不同，它具有自身的鲜明特点：

1）在修辞方面，科技文章以客观陈述为主，因此其语体比较正式，语篇的组织也比较严谨，而且观点明确、逻辑性强、结构紧凑，基本没有插叙和倒叙。

2）在语法方面，科技语篇中的英译句子结构较为完整，而且英译句式相对复杂，长句也比较多。

3）在词汇方面，科技文章中专业术语多，复合词多，名词多且为长词、大词，很少使用口语词汇或词组等。

汉语科技语篇注重意合，形式上更加灵活，句式呈流散型结构。科技语体主要以表述科学发现、科学事实、实验报告和各种说明等，因此其语篇需要保持客观、正式、准确、严密、精练和清晰。译者在进行科技语篇的汉译英时必须忠实于原作的行文格式，力求遣词的准确、连贯，掌握句式的常用结构，注重科技语篇的逻辑性、科学性和专业性等准则。

例1 金属的属性——金属对于人类来说非常有用，这是因为金属具有若干有用的工程性质。强度，是金属的重要性质之一。它可以使金属承受外部荷载而不致造成结构破坏。由于具有韧性，亦即在断裂之前能吸收相当大能量的这一性质，金属能弯而不断。金属的另一性质是弹性。由于具有弹性，金属在承受外部荷载时会发生扭曲或变形；而只要荷载不过于大，一旦荷载除去，金属又会恢复到它原来的尺寸。延展性，是金属受拉伸时可产生永久变形而不致断裂的能力。由于这种性质，一些金属，例如钢、铜、铝，可以从直径较粗的金属丝拉成直径较小的金属丝。此外，金属还有一种性质，叫作可锻性。人们又把这种性质称为承受压力产生永久变形而不致断裂的能力。所以，金属可以轧成或锤成薄板、箔，或薄膜，并且可以锻造加工成任何形状。

译文 Properties of metals—Metals are of great use to mankind because of their useful engineering properties. Strength is one of the important properties of metals. It enables them to resist external loads without incurring structural damage. Metals, possessing toughness, a property of absorbing considerable energy before fracture, bend rather than

> break. Another property of metals is elasticity. Because of their elasticity, metals subjected to external loads are distorted or stained, and return to their original dimensions when the loads are released if the loads are not too great. Ductility is the capacity of a metal to be permanently deformed in tension without breaking. That is why some metals, such as steel, copper and aluminum, can be drawn from a larger into a smaller diameter of wire. Metals still have another property called malleability. This is also known as their ability to deform permanently under compression without rupture. So they can be rolled or hammered into thin sheets, foil or films, and formed into any shapes through forging.

译文力求遣词的准确、连贯。在上例译文中，译者将普通词汇 property 按照专业术语的要求译成"性质"，并始终坚持一贯性原则。科技语篇的用词特点是专业术语多，且同一词语在不同专业领域中的意义不尽相同。翻译时，译者要特别注意一个词在某一特定专业领域中的特有词义，勿将科技词语误认为不具有特殊专业含义的普通词语，并应严格遵循某一专业技术领域的用语习惯，某一词语一经译出，即应保持一贯性，不应在上下文中随意改动，引起概念上的混乱。

例2 过去人们将胚柄仅仅看作胚的固着器，但现在人们认为胚柄在把营养物质和植物生长调节因子从母体组织转移到胚中起着重要作用。当然，在实验中对胚柄造成的破坏，影响胚的生长。在双子叶植物中，胚柄细胞经历了 DNA 内部复制，也就是 DNA 复制而核不分裂。尽管在植物界这是很普遍的现象，但胚柄代表了极端情况。例如，在红花菜豆的胚柄细胞中含有 8 192 倍的 DNA（即单倍体细胞中 DNA 的 8 192 倍）。假定这些细胞最初是处于二倍体状态，这么大量的 DNA 意味着在核不分裂的情况下 DNA 复制 12 个周期。DNA 内部复制的作用我们还完全不清楚。

译文 The suspensor used to be regarded merely as an anchorage device for the embryo, but it is now regarded as having an important role in the transfer of nutrients and plant growth regulators from the maternal tissues to the embryo. Certainly, experimentally induced damage to the suspensor upsets the growth of the embryo. In dicotyledons, the cells of the suspensor undergo DNA endo-reduplication, that is DNA replication without nuclear division. Although this is a fairly widespread

> phenomenon in the plant kingdom, the suspensor represents the extreme case. Some cells in the suspensor of runner beans, for example, contain 8,192 times of DNA (i.e. 8,192 times as much DNA as a haploid cell). Assuming that these suspensor cells were in the diploid state originally, this huge amount of DNA represents 12 rounds of DNA replication in the absence of nuclear division. The function of this DNA endo-reduplication is totally unknown.

上例译文体现了英语句式的一些常用结构。科技英语篇章在语法结构上具有较强的倾向性，而且还会出现许多高频句式。若译者熟练掌握这些高频句式的翻译规律，就既能保证译文的准确性和可读性，又可以提高翻译的效率，如"直到1997年"（It was not until 1997 that）、"人们一直过于强调"（There has been so much emphasis on）、"人们很早就知道"（It has long been realized that）、"在……已经做了大量研究"（Much work has been done on）、"近年来，人们更加注意研究"（In recent years, more attention has been focused on）、"人们还在努力"（Attempts are being made to do）、"尚未发现"（No case has ever been found）、"业已发现"（It has been discovered that）、"业已证明"（It has been proved that）、"人们普遍认为"（It is widely acknowledged that）、"可以断定"（It can be concluded that）、"其定义为"（It can be defined as）、"我们注意到"（We have already observed that）、"应该注意到"（It should be noted that）、"应予以重视"（It should be paid attention）、"有人建议"（It is suggested that）、"更不可思议的是"（It is quite remarkable that）、"不言而喻"（It goes without saying that）、"我们注意到"（We have already observed that）、"我们只讨论"（We shall limit our discussion to）、"如其名所示"（As the name implies）等。

例3 在形态学和解剖学上，叶是变化最大的植物器官。长在植物上的所有类型的叶的集合术语为叶性器官。种子植物门的不同叶性器官，在外部形态、内部结构和功能上都是非常不同的。由于这种变化性，叶性器官分为下列几种类型：营养叶、低出叶、高出叶、子叶和其他类型。营养叶是重要的光合器官。低出叶是着生在芽和地下茎上的鳞片，它们的功能是保护或储存预备物质。首先，位于侧枝最下方的叶叫先出叶，在单子叶植物中通常只有一片先出叶，而在双子叶植物中为两片。高出叶是指与花相伴而生的各种类型的苞片。很明显，它们是起保护作用的。有时，高出叶是有色的，因此它们的功能与花瓣相似。子叶是植物最早出现的叶子。花器官也被当作叶子看待。

译文 Morphologically and anatomically the leaf is the most variable plant organ. The collective term for all the types of leaves appearing on plants is the phyllome. The different phyllomes of the spermatophyta are extremely variable both in external and internal structure and in function. Because of this variability the following types of phyllomes have been classified: foliage leaves, cataphylls, hypsophylls, cotyledons, and others. The foliage leaves are the principal photosynthetic organs. The cataphylls are the scales that appear on buds and on underground stems and their function is protection or the storage of reserve materials. The first, lowermost leaves of a side branch are termed prophylls; in monocotyledons only one prophyll is usually present and in dicotyledons, two. The hypsophylls are the various types of bracts that accompany the flowers and their function is, apparently, protection. Sometimes the hypsophylls are colored and then their function is similar to that of petals. The cotyledons are the first leaves of the plant. The floral organs are also considered as leaves.

例4 The Traction Control System (TCS) introduced in the 1990s is capable of sensing slippage during acceleration, once more through wheel rotational speed measurement, and modulating the power transmitted to each wheel in order to ensure that the vehicle is accelerating at the maximum possible rate under given road and vehicle conditions. The Vehicle Dynamic Control (VDC) system introduced over the past years improves road performance through corner steering by using a yaw rate sensor and a lateral accelerometer, together with sensors on the steering to record the driver's intention. Nowadays, the differentiating factor amongst cars is not the type of mechanical construction of an engine but rather the additional mechatronic features introduced in vehicles, which, not only include the above mentioned features but also include other aspects such as safety systems, climate control and numerous navigational aids including telematics (which combines audio, hands-free cell phones, navigation, Internet connectivity, e-mail, and voice recognition).

译文 20世纪90年代引入的牵引力控制系统（TCS）能够通过测量车轮转速来感知加速过程中的滑移，并调节传输到每个车轮的功率，以确保车辆在给定的道路和车辆条件下以最大可能的速度加速。在过去几年中推出

> 的车辆动态控制（VDC）系统通过使用偏航率传感器和横向加速度计，以及方向盘上的传感器来记录驾驶员的意图，从而改善了弯道转向的道路性能。如今，汽车之间的区别因素不是发动机的机械结构类型，而是汽车中引入的附加机电一体化功能。这些功能不仅包括上述功能，还包括安全系统、气候控制和包括远程信息处理在内的众多导航辅助设备（结合了音频、免提手机、导航、互联网连接、电子邮件和语音识别）。

上例译文非常注重科技语篇的逻辑性、科学性和专业性。准确翻译科技语篇的关键在于透彻地理解原文意思。因此，仅仅掌握了单个词的词义和常用结构的翻译还是很不够的。事实证明，应用中的科技语篇句式远比一些常用结构复杂、多变。这就要求译者在翻译时必须尽量避免将原文进行字面意义的串联、拼凑或主观臆断，而是要透彻地分析句子的深层结构，积极了解相关的专业知识，使译文既要有逻辑性与科学性，又要符合专业要求，力求做到文理通顺；换言之，既要准确、有效地表达出源语所表达的思想内容，又要使译文能够符合译入语的表达规范。

练习 3

一、将下列段落或篇章翻译成英文。

1. 陆生植物的根系有两个主要功能：一个是获得土壤养分的作用（主要是水分和溶解在水中的离子）；另一个是固定作用。根系的其他功能，如储存、生长调节剂的合成、繁殖和扩散则被看作次要功能。我们对植物地下部分早期进化了解得比较少。但可以肯定的是，大多的早期陆生植物根系发育低。现存下来的早期陆生植物的根，直径大而分支较少，常是两叉的。由于早期陆生植物小且生活在非常潮湿的环境中，因此植物的固定和吸收水分都不可能成为严重的问题。很可能，早期植物根系最难起到的作用是吸收养分，因为养分的移动性差，特别是吸收磷酸盐。

2. 精密锻造通常指近终形锻造或小公差锻造。归根到底，它本身不是一项特殊的技术，而是对现有技术的改进。它生产的锻件很少经过或不经过后续加工就可以直接使用。这种改进不仅包括锻造方法本身，而且扩展到预热、除鳞、润滑和温度控制等。

   是否使用精密锻造技术主要取决于附加锻造操作以及用刀具和取消机械加工之间的相对经济性问题。由于刀具开发的成本较高，精密锻造通常仅限于要求产品质量很高的生产中。

   一个使用精密锻造的例子是涡轮叶片，现在它是用不锈钢和其他难以锻造的合金制造的。由于轻质叶片连接在相对较重的基体上，这种情况导致涡轮叶片难以锻造。必须进行延长预变形，为实现此目标可以采用不同的生产方法。有的制造者通过镦粗其一端的方法生产，还有的挤压足够的材料形成叶片，但是在每种情况下，最后的模槽都是用于提高表面质量和保证较高的尺寸精度。

3. 许多虫害和病害是通过种子传播的，例如茎线虫和球线虫可能通过葱属植物的种子传播，而芹菜叶斑病能通过感病的种子传播。从经济角度讲，许多造成很大经济损失的植物病毒，例如莴苣花叶病毒和番茄花叶病毒是通过种子传播的。种子内和种皮内的病毒能导致田间的初期感染，并在同种作物的其他植株间蔓延。

发展中国家的许多小规模种植者种植他们自己作物留的种子。他们常常忍不住从没有销路的作物中采集种子。此后，导致下一代遗传特性差。小规模种植者不使用，例如后代检测这样的技术。事实上，在一些国家，许多大规模生产者也不使用这些相对简单的技术，因此种子改良的可能性，甚至维持原种水平的可能性有时也丧失了。

二、将下列段落或篇章翻译成中文。

1. Nanotechnology has been vital in the ongoing fight against SARS-CoV-2 owing to the successful development and approval of two lipid nanoparticle-based messenger RNA vaccines. Furthermore, nanomedicine is also a promising strategy towards improving thrombolytic treatment via the delivery of thrombolytics with nanoparticles. Although such an approach is yet to be developed and tested for COVID-19-induced thrombosis due to the novelty of the disease, it has gathered widespread preclinical attention for the treatment of conventional atherothrombosis. Here, incorporation of the thrombolytic agent into nanoparticles enhances the effective dosage by increasing the circulation time and providing protection against premature degradation by systemic enzymes. Thus, overall dosage may be reduced, mitigating the haemorrhagic risk. In addition, nanoparticles function as a scaffold to introduce further functionality, such as active targeting and responsive drug release without compromising loading capacity, further improving efficacy and reducing side effects.

2. The scientific understanding of the universe is evolving at a rapid pace. Each new experiment yields more and more accurate

measurements of its fundamental parameters. The standard cosmological model postulates a very early period of fast expansion, but the details of its underlying mechanism remain hidden behind a veil of high energies that we cannot access in particle accelerators. Physics of the early universe can instead be studied by identifying its effects on cosmological fluctuations produced in the early universe, which are responsible for the anisotropies of the cosmic microwave background and the development of cosmic structure we can observe today. On the other hand, General Relativity, in its classical formulation, is not fully compatible with the principles of quantum mechanics, and a theory connecting the two realms remains to be discovered. Direct experimental verification of such a theory is challenging due to the extremely high energies required. Therefore, cosmological perturbations provide an excellent window into the perturbative regime of quantum gravity.

3. The motor vehicle is a good example of how much technological integration has been and is being introduced in our everyday lives. The electrical starter motor was the first electrical device introduced in a motor vehicle. Until the 1960s, the radio was the only significant electronics in a car. All other functions were entirely mechanical or electrical. No "intelligent systems" were to be found. The mechanically controlled combustion in the engine was found to be sub-optimal in terms of fuel efficiency, where modeling of the combustion process indicated that there was an optimal time for the ignition of the fuel, depending on engine load, speed, and other measurable quantities.

第 5 章
CAT 技术与科技翻译

早在 1947 年，美国科学家沃伦·韦弗（Warren Weaver）就提出了利用计算机进行翻译的构想，紧接着一些国家纷纷成立专门的机器翻译研究机构，因而机器翻译的相关学术研究迅速发展。但是，由于翻译本身的复杂性、自然语言的复杂性和歧义性以及机器自身的局限性，全自动高质量的机器翻译的理想在现实中仍然很难实现。1966 年，美国国家科学院语言自动处理咨询委员会（Automatic Language Processing Advisory Committee，简称 ALPAC）发布题为"语言与机器"的报告，宣告机器翻译研究失败，建议开发供译员使用的机器辅助工具，因此计算机辅助翻译正式成为新的研究分支。从 20 世纪 80 年代开始，随着个人电脑的逐渐普及、语料库和翻译记忆等技术的出现，计算机辅助翻译技术开始蓬勃发展。2005 年，时任欧盟翻译总司的卡尔-约翰·略逻思（Karl-Johan Lönnroth）指出："当今时代，翻译不仅仅事关在目标语中找出正确的对应词，也涉及翻译技术的正确运用。"时至今日，云计算、物联网、大数据彻底改变了人类的生产、生活方式，知识、信息除了呈几何级数增长之外，储存形式也从传统的纸质文本发展到以超文本（hypertext）或虚拟文本（cybertext）形式存在的电子文本，与此相关的计算机辅助翻译技术也迎来了发展的新时期。计算机辅助翻译突破了传统翻译时空相隔的障碍，逾越了空间距离，让空间各异的译员共享语料库和术语库，实现同时、同步高效工作。随着计算机辅助翻译工具的出现，译员的日工作极限实现了极大突破，由传统的日均 5 000 字左右飞跃至日均 10 000 字以上，甚至在专业领域也能保质、保量。计算机辅助翻译能力逐渐被视为译员的必备技能，计算机辅助课程已经成为翻译专业重要的基础课程之一。

5.1 常见 CAT 软件功能与应用

5.1.1 计算机辅助翻译技术的定义

计算机辅助翻译技术（Computer Aided Translation，简称 CAT）是一个广泛且不精确的术语，在实践中产生了许多极易混淆的概念，如计算机翻译、电脑翻译、机械翻译、自动翻译、机器翻译、机器辅助翻译、电脑辅助翻译、人工辅助翻译等。围绕计算机辅助翻译技术的概念，国内外学者琳妮·鲍克（Lynne Bowker）、柯秋瑾（Chiew Kin Quah）、弗兰克·奥斯特米勒（Frank Austermühl）、徐彬、俞敬松、王华树、钱多秀等开展了大量的研究工作，认识到 CAT 类似于 CAD（计算机辅助设计），能够帮助译者优质、高效、轻松地完成翻译工作。不同于以往的机器翻译软件，CAT 不依赖计算机的自动翻译，而是在人工参与下完成整个翻译过程，其译文质量能够和人工翻译相媲美，甚至更好，翻译效率可提高一倍以上。计算机辅助翻译过程中，译者与计算机各有分工，融合"机助人译"和"人助机译"两种模式，而且主要采用"人助机译"模式，表现为译者使用计算机辅助翻译软件和工具，通过输入翻译单元，自动搜寻一些词、句的规范翻译以供参考。因此，译者可以通过译前编辑对原文进行加工或者通过译后编辑对译文进行修改，使译文终稿能够满足客户的需求。总体而言，计算机辅助翻译技术有广义与狭义之分。广义指"对各种计算机操作系统和应用软件的整合应用"，可大致分为三类：（1）电子词典，如网易有道词典、百度词典、爱词霸、拓词、百词斩等。用户可以用它们来查找英语词汇和短语进行英语学习，其工作原理是预先存储英汉/汉英双语词库，查找时，自动进行一对一或者模糊匹配。电子词典是最基本的英语学习或翻译助手，它运用计算机快速检索功能，适用于英语学习者或有英语基础的用户做简单翻译之用。（2）汉化翻译软件，如金山快译、百度翻译、谷歌翻译、有道翻译、阿里翻译等。当此类工具被启动时，系统自动匹配已有的特定汉化包实现界面的中英文转化。（3）全文翻译软件，如 IBM 翻译家、译典通、火云译客等。它们可用于整篇文档翻译，其原理是以词库为基础，结合语法规则进行语言转换。狭义指"专门为提高翻译效率、优化翻译流程而开发的专用软件和专门技术"，如 Trados、雅信 CAT、Wordfast 等，也是本章探讨的重点。此类翻译工具以翻译记忆技术为基础，运用人机交互模式进行翻译。运用其翻译记忆系统特定的术语库及语料库进行翻译时，翻译工作主要通过人机交互方式完成，计算机仅起辅助作用。该类软件分为不同功能模块（项目管理、审校和翻译），集合了人工翻译和机器翻译的优势，译文准确率高。

　　CAT 使得繁重的手工翻译流程自动化，并大幅度提高了翻译效率和翻译质量，简单的计算机辅助翻译流程如图 5-1 所示：

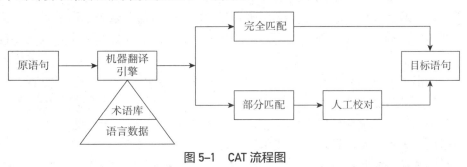

图 5-1　CAT 流程图

CAT 工作流程分为译前、译中和译后三个阶段。译前阶段包括转换原文件格式和切分句段，即以句子为单位对齐原文和译文并建立记忆库，抽取、翻译术语，进而建立术语库。译中阶段，翻译软件系统在记忆库和术语库的辅助下进行自动翻译，如果原文和记忆库中的已有译文完全匹配，则直接输出译文；如果不完全匹配，系统将选择匹配度较高的译文，给出参考译文，译者再根据原文进行修改。译后阶段主要是根据客户需要，进行译文质量提升和文件格式排版，对新生成的译文进行语料回收。

5.1.2 计算机辅助翻译技术的核心模块

威廉·约翰·哈钦斯（William John Hutchins）和哈罗德·L.萨默斯（Harold L. Somers）根据译者的参与程度，对全自动高质量机器翻译、人助机器翻译、计算机辅助翻译和人工翻译进行了区分。就自动化程度而言，计算机辅助翻译介于机器翻译和人工翻译之间，是"机助人译"和"人助机译"的结合，翻译主体是人，机器处于辅助地位。计算机辅助翻译最主要的功能是把译者做过的工作记录下来，存放到特定的数据库中，待翻译到之前译过的句子或术语时，计算机会实现句子或术语的复现，省去译者的重复劳动。常见的计算机辅助翻译软件包括翻译记忆、术语管理、对齐工具和翻译项目管理等功能。其中，翻译记忆是计算机辅助翻译技术的核心。计算机辅助翻译软件厂商均重视翻译记忆工具的开发。

翻译记忆是一种用于储存原文和译文的语言数据库，其特征是重复利用，对内部重复率高的科技文本和法律文本、外部重复率高的网站、同一领域的文本、更新文本具有较强的适用性。翻译记忆的工作原理是将原文与已有的译文进行比照匹配，系统自动将译文输出给译者参考，译者可以采用、修改或弃用。这能帮助译者节省大量时间，免去重复劳动，改进、提高翻译质量。

术语管理是某一行业内部业务语言标准化过程，包括确定术语系统范围、审查词汇表、确定核心术语、建立核心术语库、为目标语确定某个术语的唯一译文，部署到计算机辅助翻译系统中。术语库的目的在于保持翻译文本中术语的一致性，其工具是术语管理系统，其优势在于自动和高效地保持翻译项目中术语翻译的一致性，不出现一词多译现象。目前，主流的计算机辅助软件大多带有集成的术语管理软件，此外还有独立的术语管理工具。雅信和雪人计算机公司、中科朗瑞、传神（术语云）及语智云帆（术语宝）等语言技术或语言服务企业开发了许多符合中国用户需求的术语管理工具或术语管理模块。

对齐工具是指将原文和译文按翻译单位——进行对应匹配的软件系统。对齐的语言单位可以是词、短语或句子等，目前，大多数软件系统会以句子作为对齐单位。对齐的结果可以直观地呈现给译者，方便译者使用，进而输入到记忆库，协助扩大翻译记忆，提高翻译效率。

翻译项目管理是为了满足翻译需求，项目经理根据翻译质量、翻译时间和翻译成本等要素，结合客户需要和业务特点而开展的一系列计划、组织、领导、控制活动。翻译项目管理能够实现人工辅助的自动化和集约化，确保翻译质量，节约翻译时间，降低翻译成本。

5.1.3 常见计算机辅助翻译软件

当今，国内翻译行业常用的 CAT 工具有 Across、Déjà Vu、Google Translator Toolkit、Heartsome、MateCat、MemoQ、Memsource、OmegaT、SDL Trados、SDL WorldServer、SmartCAT、Star Transit NXT、Transmate、Wordbee、Wordfast、VisualTran Mate、雅信 CAT、火云译客、雪人 CAT、YiCAT 等。在众多的计算机辅助翻译软件中，SDL Trados 专业性强、功能齐备、操作高效，但成本较高，适用于翻译公司进行专业性强的大型翻译项目；西班牙的 Déjà Vu X 系列版本，功能齐备、操作简单、术语库和记忆库可移植性强，有利于团队合作，适用于团队协作翻译；中国的雅信 CAT 自带词库、语料库功能强大、操作较为简单、效率高，但响应速度慢、格式兼容性一般，适用于初学者和自由译员。

为确保翻译质量、满足客户要求、降低翻译错误，译者在计算机辅助翻译过程中会借助多种软件系统，保证译文的质量和前后一致性，常用的翻译质量保证工具有 ApSIC Xbench、CheckBird、CrossCheck、Déjà Vu QA、Error Spy、Grammar Anywhere、Html QA、Intellicomplete、L10nChecker、MemoQ QA、OmegaT QA、Rainbow、Star Transit QA、StyleWriter、Trados QA、Triivi、QA Distiller、Whitesmoke、Wordfast QA、Microsoft Word 校对模块、黑马校对等。

5.1.4 在线翻译辅助平台基本功能介绍

1. SDL Trados Studio 2022

SDL Trados Studio 2022 是德国 SDL 公司于 2022 年推出的一个新的计算机辅助翻译平台，该平台拥有悠久的创新和发展历史。它囊括了 SDL Trados Studio 2021 发布以来的大量开发成果，如桌面应用程序与云端平台无缝集成，同步翻译工作速度，能够随时随地灵活工作。新增文件类型帮助 Studio 支持各种翻译使用案例，扩大承接的工作范围。此外，新版的项目创建向导、更灵活的质量保证检查和增强的翻译记忆库管理，可以提高整个翻译团队的工作效率，并提供无与伦比的翻译质量。

SDL Trados Studio 2022 支持 50 多种文件类型，如 html、xml、sgml、xliff、Interleaf、Quicksilver、Microsoft Word、Microsoft Excel、Microsoft PowerPoint、OpenOffice、StarOffice、Clipboard、AdobePageMaker6.5、Adobe InDesign、Adobe FrameMaker 7 和众多新文件格式（包括 InDesign CS6、QuarkXPress6.x、通用分隔文本文件），可对东欧、亚洲等 57 种主要语言进行翻译，尤其是选取了常用的汉语、英语、法语、德语、日语和西班牙语 6 种语言作为软件操作语言，方便用户使用。主要功能如下：

1）翻译记忆库。翻译记忆库是 SDL Trados Studio 的核心，是能够在译者工作时持续保存译文以供将来使用的语言数据库。原始语言被称为源语言，要翻译成的语言被称为目标语言。这些语言对（源语言和目标语的匹配）被称为翻译单元（Translation Unit，简称 TU），将被保存以便反复使用。这意味着，译者无须重复翻译相同的句子。添加到翻译记忆库的内容越多，后面的翻译速度就越快，因为不断增长的数据库提供了更多的匹配。SDL Trados Studio 2022 通过翻译记忆库与 upLIFT 技术配合的工作方式实现了两个突破性功能：upLIFT Fragment Recall 在"模糊匹配"和"无匹配"情况下，可从翻译记忆库中自动提供智能片段匹配；upLIFT Fuzzy Repair 使用译者信任的语言资产可智能修复模糊匹配。

2）术语管理。术语数据库是语言服务企业一项重要的语言资产。术语管理对于确保优质的翻译和品牌一致性至关重要。它通过维护和分发已核准的术语，可确保每次翻译都采用正确的术语。SDL MultiTerm 是目前业界最成熟的术语解决方案，包含在 SDL Trados Studio 内，译者可以从 SDL Trados Studio 2021 Service Release 1（SR1）中免费获得，或者通过年度订阅获得，其中还可以共享、导入和导出术语库到 Excel。

3）文本类型预览。在翻译新项目之前，可直接从"文件类型"窗口中使用定制或内置的文件筛选器预览文档，从而节省了测试文档类型的时间。SDL 坚持致力于为 Studio 用户提供最广泛的文件格式支持，包括支持任意 CAT 工具的最广泛文件格式及扫描的 PDF 文档。

4）AutoSuggest。AutoSuggest 可在输入时提供智能建议，提高翻译速度。它从翻译记忆库（包括相关搜索结果，upLIFT Fragment Recall 可自动实现匹配和模糊匹配）和其他资源（例如机器翻译和术语库）中提供目标语言词汇和短语。通过相关搜索，译者可在翻译记忆库中搜索特殊词语，并将结果显示在相关搜索窗口中。

5）SDL Language Cloud。SDL Language Cloud 在翻译时提供计算机生成的翻译建议，支持即时访问超过 100 个语言对的通用型和行业专用型机器翻译引擎。除此之外，SDL Trados Studio 2022 还具有 AdaptiveMT 功能，AdaptiveMT 是由 SDL Language Cloud 提供技术支持的自我学习机器翻译引擎。每次译者更改机器翻译输出（被称为"译后编辑"）时，它会实时学习，以便提供与译者的风格、内容和术语一致的独特机器翻译输出。

6）对齐和 PerfectMatch。翻译对齐工具可将以前翻译的文档中的源文件与目标语言文件进行对齐匹配，以确定两两匹配的内容。译者可借助 PerfectMatch 使用以前所翻译的双语文件，导入句段，在上下文语境中将它们添加为 100% 匹配，锁定为已核准翻译。

7）QA 检查和报告。SDL Trados Studio 的自动化质量保证（Quality Assurance，简称 QA）检查功能会突出显示可能的翻译错误，包括标点符号、术语和不一致性等。译者可以为处理的每个语言对自定义质量保证设置，以提高灵活性和对 QA 检查的控制。译者还可以自定义设置软件配置，运行 QA 检查，在报告中显示标记的错误。

2. YiCAT 在线翻译辅助平台

YiCAT 在线辅助翻译平台是由中国上海一者信息科技有限公司自主研发的基于语料大数据的在线辅助翻译平台。该平台操作简单、运行流畅，具有多语种、多格式支持，依托海量优质记忆库与术语库，实时掌控翻译项目进度，高效团队管理及多人协同翻译，文档拆分与任务分配，译审同步，MT ＋ PE 等特点。

YiCAT 在线辅助翻译平台支持 docx、pptx、xlsx、doc、ppt、xls、txt、xliff、sdlxlf、xlf、xml、csv、idml、html、htm、md、vsdx、mif、ods、yml、ots、odg、otp、odt、ott、srt、rtf、json 等多种文件类型，可对中文（简体/繁体）、英语（美国/英国）、日语、韩语、俄语、德语、法语、西班牙语、葡萄牙语、阿拉伯语、意大利语、土耳其语、荷兰语、泰语、越南语、缅甸语、印尼语、老挝语、高棉语、菲律宾语、马来语、藏语、维吾尔语、彝语、拉丁语、希腊语、乌克兰语、瑞典语、捷克语、斯洛伐克语、斯洛文尼亚语、波兰语、丹麦语、芬兰语、匈牙利语、印地语、希伯来语、孟加拉语、亚美尼亚语、罗马尼亚语、保加利亚语、克罗地亚语、阿尔巴尼亚语、马其顿语、爱沙尼亚语、立陶宛语等语言进行翻译。主要功能如下：

1）操作模式。平台分为自由译员和翻译团队两种模式。选择自由译员模式，所有翻译流程将由译员一人完成，也可受邀加入别的团队参与任务。选择翻译团队模式，用户可拥有自己的翻译团队，实现任务分发、多人协作翻译、译审同步等功能，也可实现多语种和多文本的翻译。

2）任务栏。平台左侧任务栏（从上至下）依次为翻译项目管理、记忆库管理和术语库管理。用户可对自身的翻译项目、记忆库和术语库进行添加、编辑和删除等操作。

翻译项目管理可实现快速翻译单个文档及创建翻译项目，包含 TM 翻译记忆库、TB（Termbases，简称 TB）术语库、MT 机器翻译、QA 质量保证和预翻译等功能。TM 翻译记忆库和 Tmxmall 私有云语料管理系统全面打通，用户可在此勾选私有云中已有的记忆库，或新建记忆库并上传本地记忆库至 YiCAT，作为项目的参考记忆库。系统会在用户成功创建项目后自动创建项目读写记忆库。列表中包含记忆库名称、创建日期、语言方向和条目数。用户可勾选要加载的记忆库，设置最低匹配率，并选择是否启用预翻译。启用预翻译后，系统会根据用户设置的最低匹配率，自动填充预翻译结果。用户还可新建记忆库，记忆库语言方向需与项目的语言方向一致。

TB 术语库列表中包含术语库名称、语言方向（双向）和条目数。用户可新建术语库，并勾选要加载的术语库。

MT 机器翻译列表中包含谷歌翻译、百度翻译、腾讯翻译君、搜狗翻译、有道翻译和小牛翻译，用户可以按需启用上述机器翻译引擎，或者选择不启用。

QA 质量保证用 27 项 QA 规则及严重级别供用户设置。除前 5 种 QA 规则默认启用且已设置为"严重错误"之外，用户可选择是否启用其他 22 种 QA 规则，并设置"轻微错误""一般错误"和"严重错误"三种级别，降低审校负担，提高翻译效率。

3）编辑器界面。YiCAT 编辑器是内嵌至 YiCAT 在线翻译管理系统的计算机辅助翻译功能，支持多人实时翻译稿件、编辑标注文档、共享记忆库和术语库、执行预翻译、查看翻译进度、QA 质量检测、多条件句段筛查等功能。用户可在稿件翻译完成后一键交稿，也可导出文档至本地保存。

5.2 语料库及其应用

5.2.1 语料库的定义

语料库（corpus）出自拉丁语，已经成为语言学中的一个重要概念，可以简单理解为语言材料文本的集合，如图 5-2 所示：

图 5-2　语料库简单示意图

目前，关于语料库的定义比较多，具有代表性的《语言学名词》一书认为它是"为语言研究和应用而收集的，在计算机中存储的语言材料，由自然出现的书面语或口语的样本汇集而成，用来代表特定的语言或语言变体"；冯志伟认为语料库是为了一个或多个应用目标而专门收集的、有一定结构的、有代表性的、可被计算机程序检索的、具有一定规模的语料的集合；马丁·韦斯尔（Martin Weisser）认为："语料库是一种口语文本或书面文本的集合，该集合以受其目标和范围影响的特定设计标准为依据，应用于语言分析。"学界对语料库的认识可归纳为：（1）语料库中存放的是语言实际使用中真实出现过的语言材料；（2）语料库是承载语言知识的基础资源，但并不等于语言知识；（3）真实语料需要经过加工（分析和处理），才能成为有用的资源。因此，语料库是指按照一定的语言学原则，运用随机抽样的方法，收集自然出现的连续的语言文本或者说话片段而建成的具有一定容量的大规模电子文本库。语料库在传统语言研究、词典编纂、语言教学、自然语言处理等领域有重要作用，所以自从 20 世纪 60 年代第一个现代意义上的语料库——美国布朗语料库（Brown Corpus）诞生开始，大批国内外的专家学者致力于语料库的研究。近年来，国内外对于语料库的研究取得了重大突破，形成了各种规模不一的语料库，并且涌现了众多有关语料库的专著、论文等。语料库的迅速发展对语言学研究领域和应用语言学领域产生了巨大的影响。在语言学研究领域，语料库为语言研究者和使用者提供了丰富而全面的研究素材，有助于研究者根据大量的语言素材得出客观、正确的结论。另外，语料库的现代化使得语言学家可以利用语料库分析软件，实现语料检索和频率统计，帮助人们观察和把握语言事实，更为准确地得出结论。在应用语言学领域，语料库技术与应用语言学的结合也产生了大量的实用成果，比如应用语料库编写一系列基于语料库的词典、确定语言教学的教材提纲、提供外语教学与研究的良好平台等。

语料库的发展可简单分为前期（计算机化之前）和后期（计算机化之后）两个阶段。前者可称为传统语料库时期，后者可称为现代语料库时期。计算机化之后又可分为第一代语料库（1970—1980 年）、第二代语料库（1980 年—20 世纪

90年代）和具有动态性和流动性的第三代语料库（20世纪90年代之后）。计算机运算速度的提高和存储容量的剧增是语料库方法日趋流行的物质基础。语料库为字频统计、词频统计、语言文字规范化研究、语法研究等提供了前所未有的先进方法和丰富的语言资源，使大规模真实文本的自动处理得以实现。

语料库的创建需考虑创建目标、创建标准、规模、机器可读等要素。

5.2.2 语料库的种类

按照不同的分类方法，如用途、时效、语体、语种、是否为母语、是否进行标注等，我们可以对语料库进行多种分类。常见的语料库包括口语语料库与书面语语料库（spoken corpus vs. written corpus）、生语料库与加工语料库（raw corpus vs. tagged corpus）、通用语料库与专用语料库（general corpus vs. specialized corpus）、原创语料库与翻译语料库（original corpus vs. translational corpus）、单语语料库与双语语料库（monolingual corpus vs. bilingual corpus）、平行语料库（parallel corpus）、可比语料库（类比语料库）（comparable corpus）、在线语料库与单机版语料库（online corpus vs. standalone corpus）、学习者语料库与母语语料库（learner corpus vs. native speaker corpus）、参照语料库与观察语料库（reference corpus vs. observed corpus）等。

与翻译密切相关的语料库主要涉及三种：平行语料库（源语文本＋翻译文本）、可比语料库（类比语料库）和参照语料库。

1. 平行语料库（源语文本＋翻译文本）

该语料库按照段、句、词把原文和译文语料进行对齐，使用双（多）语检索软件进行检索，如英语—瑞典语平行语料库、英语—挪威语平行语料库、翻译芬兰语语料库、香港理工大学英汉双语语料库、北京外国语大学大规模平衡汉英（英汉）平行语料库、上海交通大学系列平行语料库等。

2. 可比语料库（类比语料库）

可比语料库是由不同语言的文本或同一种语言不同变体的文本所构成的两个或两个以上的语料库，如翻译文本和原创文本等。

3. 参照语料库

参照语料库通常作为一个比较标准的语料库，与另外一个观察语料库进行比较，通过词表中的高频词、词长、句长等参数，找出二者之间的差异，用于说明观察语料库所代表的语言（或变体）特征。

5.2.3 语料库在翻译实践中的应用

语料库能为翻译实践提供巨大的、真实的参考译文资源,从而帮助译者改进译文质量,提高翻译效率。语料库在翻译实践中的运用体现在译前、译中和译后的各阶段。

1. 译前阶段

在翻译准备阶段,生词和专业术语是翻译实践中的首要难题。在一些词典里,由于容量有限,有些词语给出了单一对应的释义,但却不一定适合特定的语境,通过求助语料库获得不同的表达方式,译者可加深对词语或专业术语的理解。

2. 译中阶段

在翻译过程中,同样的词汇在不同的文体中具有不同的译法。语料库提供的大量不同文体的语言例句,能帮助译者学习不同文体中词汇的不同译法,从而作出正确的抉择。

3. 译后阶段

翻译初稿完成之后,在同一个大型翻译项目中,不同的译者可能会有不同的译法。如何确认正确的译法、如何对译文进行评估,语料库可以在解决此类问题中发挥作用。通过查找平行文本,比照最接近所译材料语境的文本,译者能够最终确定译文是否正确、到位。

英语国家目前颇具代表性的开放性通用语料库包括英国国家语料库(British National Corpus,简称 BNC)、美国国家语料库(American National Corpus,简称 ANC)、当代美国英语语料库(Corpus of Contemporary American English,简称 COCA)等。其中,当代美国英语语料库是迄今为止使用最广泛的英语语料库。1990—2019 年,COCA 以每年 2 000 万词的速度更新扩充(每年语料在不同体裁中分布均衡)。这使得 COCA 区别于其他语料库,成为唯一一个容量大、时效性强、体裁广泛的英语语料库。目前,COCA 的库容已经超过 10 亿个单词,支持多种类型的检索,方便快捷。它不仅可以用体裁和时期为限定条件进行检索,也可以实现跨体裁或跨时期的比较。而且,COCA 的海量语料覆盖口语、小说、流行杂志、报纸、学术性文章、电视和电影字幕、博客、其他网页等多种体裁,因此 COCA 可以提供不同体裁的词汇、短语和语法结构的频数信息。此外,有别于英语语料库网站(English-Corpora.org)中的其他语料库,COCA 的独创之处在于关注了该语料库中前 60 000 个单词,并提供了有关这些单词的丰富信息,包括频数信息、定义、同义词、WordNet 条目、相关话题、索引、词簇、以检索词为主题词的网站,以及 KWIC/ 索引行语境。正是这些强大的功能使 COCA 成为研究人员、教师和学习者必备的理想语料库。

国内常见的语料库包括：中国学习者英语语料库、国家语委现代汉语语料库、北京大学现代汉语语料库、北京语言大学语料库、HSK 动态作文语料库、硕士写作语料库、汉英平行语料库、英汉文学作品语料库、李约瑟《中国科学技术史》英汉对照语料库、计算机专业的双语语料库、英汉双语语料库、军事英语语料库等。

1. 中国学习者英语语料库

中国学习者英语语料库（Chinese Learner English Corpus，简称 CLEC）由我国著名应用语言学家桂诗春和杨惠中两位教授领衔编著。该语料库运用了语料库语言学和计算机科学技术，建成了一个包括我国中学生、大学英语四级和六级、英语专业低年级和高年级学生在内的一百多万词的书面英语语料库，并对所有的语料进行语法标注和言语失误标注，是世界上第一个正式向外公布的含有言语失误标注的英语学习者语料库。

2. 国家语委现代汉语语料库

我国从 1990 年开始由国家语言文字工作委员会主持，组织了语言学界和计算机界的专家学者，共同建立了大型的国家级语料库，即国家语委现代汉语语料库。国家语委现代汉语语料库是一个大型的通用平衡语料库，以语言文字的信息处理、语言文字规范和标准的制定、语言文字的学术研究、语文教育和语言文字的社会应用为主要服务目标。国家语委现代汉语语料库作为国家级语料库，在汉语语料库系统开发技术上具有国际领先水平，在语料可靠、标注准确等方面具有权威性。国家语委现代汉语语料库面向国内外的长远需要，选材有足够的时间跨度，语料抽样合理、分布均匀、比例适当，能够比较科学地反映现代汉语全貌。国家语委现代汉语语料库由人文与社会科学、自然科学及综合三个组别构成。

3. 北京大学现代汉语语料库

北京大学现代汉语语料库，即 Center for Chinese Linguistics（简称 CCL）现代汉语语料库，由北京大学中国语言学研究中心（Center for Chinese Linguistics PKU）开发，其间得到了北京大学计算语言学研究所、中科院计算技术研究所等单位的大力支持和帮助。语料库中的中文文本未经分词处理，检索系统以汉字为基本单位。CCL 现代汉语语料库与 CCL 古代汉语语料库构成 CCL 汉语语料库，它汇聚口语（北京话调查）语料、影视作品（如百家讲坛、周星驰电影等）语料、网络语料、书面语料等，种类繁多。CCL 汉语语料库总字符数为 783 463 175，其中现代汉语语料库总字符数为 581 794 456，古代汉语语料库总字符数为

201 668 719。语料库中所包含的语料涉及的文献时间从公元前 11 世纪至当代，种类颇丰。该语料库多用于对现代汉语中的语言现象进行分析、与国外语料库做对比研究等。在使用时，使用者应自行核对语料的准确性，再根据语料进行研究。

4. 北京语言大学语料库

北京语言大学语料库中心（BLCU Corpus Center，简称 BCC）是以汉语为主、兼有英语和法语的在线语料库，是服务语言本体研究和语言应用研究的在线大数据系统。BCC 语料库总字数约为 150 亿，包括报刊（20 亿）、文学（30 亿）、微博（30 亿）、科技（30 亿）、综合（10 亿）和古汉语（20 亿）等多领域语料，是可以全面反映当今社会语言生活的大规模语料库。BCC 语料库具有数据量大、领域广和检索便捷等优点。

5. HSK 动态作文语料库

汉语水平考试简称 HSK，是为测试母语非汉语者（包括外国人、华侨和中国少数民族考生）的汉语水平而设立的一项国际汉语能力标准化考试。HSK 动态作文语料库是由北京语言大学崔希亮主持的一个国家汉办科研项目，于 2003 年 7 月启动，2006 年 12 月建成后上网试运行，经过补充修改，现向社会正式开放。该语料库的原始语料是 1992—2005 年部分外国考生参加高等汉语考试的作文答卷。语料库 1.1 版语料总数达到 11 569 篇，共计 424 万字，是一个动态语料库。运用该语料可进行对外汉语教学的多方面研究，如汉语中介语研究、第二语言习得研究、对外汉语教材研究等。

除了上述提及的语料库之外，北京外国语大学大规模平衡汉英（英汉）平行语料库也颇具特色。例如，该语料库共收集与汉语"克服"一词相对应的英语词汇 25 个：overcome、do away with、surmount、reduce、explode、resolve、get rid of、avert、solve、check、prevent、eliminate、correct、avoid、remedy、put an end to、clarify、straighten out、contend with、outgrow、prevail over、conquer、counteract、get out of、fight down，其中，overcome 使用的频率最高。与汉语"克服"一词常用的中文搭配词有：现象、困难、矛盾、阻力、观念、官僚主义、危险、不平衡、风气、思想、旧毒、污秽、波折、缺点、贪污、行贿、盗窃、错误等；与英语 overcome 一词常见的搭配有：problem、obstacle、shyness、difficulty、resistance、shortcoming、weakness、friction、disadvantage、temptation、prejudice、barrier、hardship、jealousy 等。译者通过对汉英平行语料库中翻译实例的考察，就会加深对英汉两种语言中搭配模式差异的了解，并且尽快找到英汉互译过程中解决搭配模式差异的方案。

5.2.4 语料库在翻译研究中的应用

语料库不仅能够服务翻译实践，更是在翻译研究领域得到了广泛的应用，其最重要的体现便是语料库翻译学的出现。

语料库翻译学是指采用语料库方法，在观察大量翻译事实或翻译现象并进行相关数据统计的基础上，系统分析翻译本质和翻译过程的研究。胡开宝、朱一凡和李晓倩认为，语料库翻译学不是一种翻译理论，而是一种全新的译学研究方法论，即语料库方法。近年来，语料库翻译学研究发展相当迅速，许多翻译语料库、平行语料库和可比语料库先后建成并投入使用，如翻译英语语料库（Translational English Corpus）、德英文学文本平行语料库（German-English Parallel Corpus of Literary Texts）、欧洲议会口译语料库（European Parliament Interpreting Corpus）、通用汉英对应语料库和汉英会议口译语料库等。此外，不少语料库翻译学研究者相继发表、出版论著，如胡开宝、朱一凡、李晓倩、田绪军等。

语料库翻译学范式具有三方面的优势：

其一，语料库翻译学研究以大量翻译语料或双语语料的数据统计和分析为基础，归纳翻译语言和翻译过程的规律性特征，具有较强的客观性和科学性。

其二，语料库翻译学研究不仅重视翻译语言和翻译规范等方面的共性研究，而且关注翻译的创造性及具体语言对翻译语言特征和译者风格的个性特征分析。

其三，语料库翻译学研究继承描写性译学研究的衣钵，接受文化范式的基本理念和研究方法，但不排斥语言学范式。该范式既从社会文化视域研究翻译，也借鉴和吸收语料库语言学方法，依据对比语言学、篇章语言学、语用学和认知语言学等理论对所观察到的翻译事实的内在成因进行解释。

根据研究课题的来源，语料库翻译学的研究领域分为三类：

第一类源自传统译学研究，包括基于语料库的文学翻译、翻译史、翻译教学、翻译实践、机器翻译和口译等领域的研究。

第二类研究领域源自描写性译学研究，涵盖翻译共性、翻译规范和批评译学等领域的研究。

第三类则为语料库翻译学特有的研究领域，包括译学研究语料库的建设、具体语言对翻译语言特征和译者风格的影响等领域的研究。

对于译学研究而言，语料库翻译学不仅变革了其研究方法，而且拓展和深化了传统译学的研究内容，全新的译学研究领域由此产生。

练习

结合本章内容，回答下列问题。

1. 什么是计算机辅助翻译？计算机辅助翻译对职业译员产生了哪些影响？
2. 国内语言服务业中有哪些常用的计算机辅助翻译软件？这些翻译软件有何特点？
3. 如何将平行文本应用于专业翻译实践？

参考文献

陈安定. 1998. 英汉比较与翻译. 北京：中国对外翻译出版公司.

陈丽江，冯奇. 2006. 语篇翻译过程中的动态连贯. 上海翻译，（2）：18–22.

陈明瑶，邱辉. 2009. 从语篇的衔接与连贯论《中国的环境保护（白皮书）》的英译. 上海翻译，（1）：20–24.

范武邱. 2011. 科技翻译能力拓展研究. 北京：国防工业出版社.

方梦之. 2011. 英语科技文体：范式与翻译. 北京：国防工业出版社.

冯志杰. 1998. 汉英科技翻译指要. 北京：中国对外翻译出版公司.

韩其顺，王学铭. 1990. 英汉科技翻译教程. 上海：上海外语教育出版社.

侯勇林，唐跃勤. 2011. 科技翻译. 北京：外语教学与研究出版社.

胡开宝. 2011. 语料库翻译学概论. 上海：上海交通大学出版社.

胡开宝，田绪军. 2018.《政府工作报告》英译文本的语言特征与文本效果研究——一项基于语料库的研究. 外国语文，（34）：1–11.

胡开宝，朱一凡，李晓倩. 2018. 语料库翻译学. 上海：上海交通大学出版社.

胡密密. 2002. 从思维差异看汉英科技文体与科技论文的英译. 中国科技翻译，（3）：13–15.

康志洪. 2012. 科技翻译. 北京：外语教学与研究出版社.

李运兴. 2000. 语篇翻译引论. 北京：中国对外翻译出版公司.

连淑能. 1993. 英汉对比研究. 北京：高等教育出版社.

连淑能. 2002. 论中西思维方式. 外语与外语教学，（2）：40–47.

梁甜甜，刘佳，刘艳红. 2018. 科技英语翻译. 北京：中国纺织出版社.

吕世生. 2011. 汉英语篇结构非对应与思维模式转换. 中国翻译，（4）：60–63.

田绪军. 2022. 基于语料库的《政府工作报告》中情态动词英译操作规范研究. 上海翻译，（5）：20–25.

王华树. 2015. 计算机辅助翻译实践. 北京：国防工业出版社.

王妍炜. 2016. 科技论文标题翻译初探. 中国科技翻译，（2）：1–3.

文军，任艳. 2011. 国内计算机辅助翻译研究述评. 外语电化教学，（3）：58–62.

武力，赵拴科. 2000. 科技英汉与汉英翻译. 西安：西北工业大学出版社.

严俊仁. 2004. 汉英科技翻译. 北京：国防工业出版社.

杨文秀. 2012. 科技英语翻译读本. 南京：南京大学出版社.
杨贤玉. 2010. 英汉翻译概论. 武汉：中国地质大学出版社.
张新民. 1998. 科技论文标题翻译. 中国科技翻译，（4）: 38–40.
中国翻译协会科技翻译委员会, 中国科学院科技翻译工作者协会. 2005. 科技翻译信息化. 北京：科学出版社.
邹人杰. 1988. 汉英科技翻译技巧. 上海：同济大学出版社.
Bowker, L. & Fisher, D. 2010. Computer-aided translation. In O'Brien S. Y. Gambier & L. V. Doorslaer (Eds.), *Handbook of Translation Studies*. Amsterdam: John Benjamins, 60–66.
Hutchins, J. & Somers, H. L. 1992. *An Introduction to Machine Translation*. Manchester/London: Academic Press.
Weisser, M. 2001. *A corpus-based methodology for comparing and evaluating native and non-native speaker accents*. Doctoral dissertation, Lancaster University.